礼仪金说
LIYIJINSHUO

公务礼仪

金正昆 著

北京联合出版公司
Beijing United Publishing Co.,Ltd.

图书在版编目（CIP）数据

公务礼仪/金正昆著.—北京：北京联合出版公司，2013.2（2020.8重印）
（礼仪金说）
ISBN 978-7-5502-1375-3

Ⅰ．①公… Ⅱ．①金… Ⅲ．①礼仪－基本知识 Ⅳ.①K891.26

中国版本图书馆CIP数据核字(2013)第030782号

公务礼仪

出版统筹：新华先锋

责任编辑：徐秀琴　昝亚会

特约编辑：林　丽

封面设计：先锋设计

版式设计：左巧艳

北京联合出版公司出版

（北京市西城区德外大街83号楼9层　100088）

三河市东兴印刷有限公司印刷　新华书店经销

字数179千字　787毫米×1092毫米　1/16　18印张

2013年6月第1版　2020年8月第6次印刷

ISBN 978-7-5502-1375-3

定价：59.00元

目　录

目 录

绪 论

礼仪就在你身边

各位好，我非常高兴地来和各位探讨有关交际礼仪的一些具体问题。

　　首先，我想明确一下什么是礼仪。"礼"这个字的意思是什么呢？它是一种道德规范：尊重。孔子说过："礼者，敬人也。"在人际交往中，既要尊重别人，更要尊重自己，此即礼者敬人。但是你只是口头说说尊重没有用。别人怎么知道你心里想什么？这就要求你善于表达，它需要一定的表达形式。你得会说话，你得有眼色，你得懂得待人接物之道。因此，在人际交往中我们不仅要有"礼"，而且还要有"仪"。

　　"仪"，就是恰到好处地向别人表示尊重的具体形式。下面，我来举一个简单的例子。我来讲课，主持人会介绍说"请金老师上场"。因为这儿是一个礼仪讲堂，金教授我就是老师，我在给台下的听众讲课。当然我们应该谈谈交往艺术的游戏规则。倘若你是外人，到人民大学也好，到北京大学也好，如果你不是我的学生，你也不是我的同事，游戏规则的一般要求则是：你不能叫我金老师，而要叫我金教授。为什么？在人际交往中，你要尊重交往对象，就要使用尊称，而使用尊称的一般性技巧是就高不就低。谁叫我金老师呢？主持人可以叫我金老师，我听说在座的有中学生、大学生，你们也可以叫我金老师，因为我的职业就是老师嘛。但是，如果是对外交往或跨行业、跨地区交往的话，你最好别叫我金老师，而是要叫我金教授。当然，我也见过不在行的人：

一天，有位同志对我说："我也想叫你教授，但是我不知道你评上没有。"我笑了，我告诉对方："你不太懂得游戏规则。到什么山上唱什么歌，你对别人尊重，你跟别人打交道，假如你没有使用必要的尊称，就会失敬于对方。"

我们再举一个简单的例子：逢年过节，家里会来客人。过春节的时候，过元旦的时候，有时候家里来的客人彼此之间是不认识的。作为主人，你要有基本的礼貌，你要为客人进行相互介绍。根据现代礼仪的游戏规则，谁是介绍人呢？女主人。我到你家串门去，我碰到老王、老李，我不认识他们。比如，我是你的朋友，你是男士，丈夫，那么你老婆的朋友也来了，我们彼此之间不认识，谁是介绍人？女主人。要介绍一下这是"人民大学金教授"，那是"化工学院王老师"，替我们彼此作一个介绍。你若不介绍，有时候就会失礼。

有一天，我到一个地方去，大家彼此之间就说起孩子来了。关心下一代，家长之天性也。一位女同志跟我年龄差不多，四五十岁，她说："我的孩子要报考大学了，不知道报什么专业好？"

旁边有一位同志知道我在学校工作，就把话题往我这儿引，问她家里是男孩还是女孩。

答："是女孩。"

这个同志就说："女孩还是报师范好，现在当大学老师，又体面，又有稳定的收入，而且将来还可以教育好自己的孩子。最重要的是有寒暑假，这对女人比较好。"

那位女同志马上说："我们家孩子才不想当老师呢！当教授有什么意思，'教授教授，越教越瘦'。"她当时还说了一些其他比较难听的话。

过了一会儿，她问我："你在什么地方高就？"

我说："我就是越教越瘦的那种人。"

为什么会出现这种情况？因为这家的女主人忘了作介绍了，其实她要先跟我们彼此说说话，介绍一下张三和李四，那就不至于失礼了。因此，礼和仪在现实生活里往往不可或缺。

实际上，你善待自己也好，善待别人也好；你尊重自己也好，尊重别人也好，都既要有礼，又要有仪，礼就是尊重，仪就是表达。也就是说，既要坚持尊重为本，又要掌握必要的表达方式。没有礼，是没有仪的！

比如，我给各位出一个小问题，大家可以扪心自问，倘若遇到这个问题怎么办：打电话时谁先挂？我们在比较正式的场合和别人通电话，你也别管是座机还是手机，请问打电话时谁先挂？

这个问题，其实就是礼和仪的问题。我遇到的同志经常犯以下两个常识性的错误：

第一个常识性错误是谁先打谁先挂，即误认为主叫方应当先挂断电话。

第二个常识性错误是什么呢？等着对方挂！这个说法根本没有操作性。你想想：我人民大学规定打电话对方挂，你清华大学也规定打电话对方挂，人大和清华两家通话时将出现何种状态？两边都不挂，死扛，大说其废话。那么，到底应该谁先挂呢？

交际礼仪有其游戏规则：地位高者先挂。

我在单位里上班，不管我的上司是男士还是女士，是年龄大还是年龄小，是我的学生还是我的同事，在职业道德中，尊重上级是一种天职，所以游戏规则是：上司先挂电话。我是一名北京市教委的工作人员，我和国家教育部通话，我不用考虑教育部的那个人是部长还是科员，因为他代表上级机关，所以上级机关的人先挂。现在我们国家和政府强调立党为公、执政为民，那么群众给我们的公务员打电话，不讨论，群众先挂。现在在商务交往中讲客户是上帝，不讨论，服务行业及其企事业单位和客户通话时，客户先挂。我经常跟别人开玩笑说："金老师我怕老婆，一般和老婆打电话都是老婆先挂，否则怎么能够证明她是我家老大。"地位高者先挂！我讲授礼仪时喜欢强调：你要尊重别人，你就得以适当的方式表现出来，否则你说什么叫尊重，没有形式就没有其内容。

如果要让我来具体地解释礼仪，我喜欢从以下三个角度来讲。

第一个角度，礼仪是人际交往的艺术。现代社会生产力发达，人们的交际圈扩大，现代交通和通信技术使我们可以"坐地日行八万里，巡天遥看一千河"。我们交际圈子扩大以后，拿自己跟自己村里人打交道的游戏规则去对付外人，可能就没有用。比如，国家人事部颁布的《国家公务员行为规范》，第八条最后一句话是四个字——讲普通话。为什么要求公务员讲普通话？因为普通话是国家法律规定所要推广的，讲普通话有助于全国人民之间的有效沟通。你讲方言土语，有人会听不懂。

我上大学的时候，七八个同学住一间宿舍。开学头一天，七个人准时报到，第八个同学是从四川来的，来晚了。那时候也没有什么夜班车、早班车。好不容易我们睡着了，大概凌晨两三点，这位四川兄弟进来了。他好不容易找到自己的宿舍，进门，开灯，灯不亮，学校怕我们淘气，拉闸了。他自己就嘟囔，讲的是四川话："老子床在哪里？老子床在哪里？"他乱摸，把我们摸醒了，还当我们老子，我们当然很不高兴，我们在黑暗中窥视他，不吭气。他后来急了："龟儿子，你们说话呀！"结果"龟儿子"们就联合起来把"老子"给打了一顿。我们那时挺淘，也不是真打他，反正挺不高兴，就骂骂咧咧地给了他几下。很久之后才知道他有点冤，因为四川话里什么"老子"、"龟儿子"，跟北京话里哥们儿、兄弟姐妹什么的差不多，并没有什么装你长辈的意思，也没有把你当晚辈贬低或讽刺的意思。

这实际上就是没有有效沟通的结果。现代人交际圈大了，有时候不讲交往艺术就会自找麻烦。

再来问你一个问题：倘若你们想向金教授要张名片，怎样索取比较方便？

有一天，我在一个地方散步，一个同志过来说："金教授好，你有片子吗？"他倒挺直奔主题的。但说实话，他是不是有点糙？现代人要讲教养。不讲教养的人，在交际中往往会四处碰壁。

金教授喜欢讲一句话：教养体现于细节，细节展示素质，细节决定成败。

人与人之间打交道，有的时候细节之处如果不注意，往往就会自找麻烦。

一天，我到一所大学去，有位领导跟我说：一名博士生被推荐

到一个国家机关去面试，他考试成绩优秀当然没得说，公务员考试也通过了。去面试时，最后一圈了，那个机关的领导要见他，他却晚到十分钟。没有别的原因，就是因为晚到十分钟，于是那个机关就不要他了。

这里面存在着一个个人修养的问题。教养其实体现于每一个人做人做事的具体细节之中。细节展示素质，细节决定成败。如果不注意细节，有时真的很麻烦。

回过头来再说，在人际交往中，索取名片省事的办法是有的。一般来讲，以下四个办法比较常用。

第一个办法，是交易法。它的具体方法，就是先把自己的名片递给对方。所谓将欲取之，必先予之，来而不往非礼也。想要索取金教授的名片最省事的办法，就是先把自己的名片递给金教授。不管金教授愿意不愿意，我得回你一张，我不至于告诉你"收到"。我在舞会上碰到一个女生，我是一个男生，我想认识她，我总不至于傻乎乎地上去问："同学，你叫什么名字？""这位女士，你怎么称呼？"你这样问太笨！你要聪明的话，你那时可以先作自我介绍。比如，坐飞机我们俩坐一块儿了，"这位女士，认识您很高兴，我是人民大学的老师，我叫金正昆。"我先自我介绍一下，你就得回应我一下。你不会只说"嗯"。来而不往非礼也，这是基本的游戏规则。

第二个办法，是明示法。明示法，就是明着说明自己的本意："金教授，认识您很高兴，能换一下名片吗？"在一些场合，此种直截了当的表达方法，往往也行之有效。

第三个办法，是谦恭法。倘若这个人地位比较高，身份比较高，你可以给他先作一个铺垫："金教授，听你刚才这个讲座很受启发。我本人呢，也深感自己在交往艺术方面有待提高，跟你相见恨晚。现在知道你很累了，不便打扰你，你看以后有没有机会继续向你请教？""以后有没有机会继续向你请教"这句话，实际上就是暗示"老金，能不能把电话号码留下来"，就等于问我要名片。我想给你就给你，我不给你你也有面子。此种方法，即谦恭法。

第四个办法，是联络法。比如，金教授我今年 46 岁了，对面坐一个女中学生也就是 16 岁。我想要她的名片，总不至于说"以后如何向你请教"吧？那样她什么感觉，碰上坏人了。说实话，太夸张了。我要跟一个晚辈或者跟一个平辈要他的名片，我可以说："认识你很高兴，希望以后能够与你保持联络，希望今后还能与你再见，不知道怎么跟你联系比较方便？""不知道怎么跟你联系比较方便"这句话的言下之意，就是要你的名片。你要愿意给我，我谢谢。不愿意给我，咱俩都不伤面子。如果你不想给我，其实很容易，你可以这样讲："金教授，以后还是我跟你联系吧。"其言下之意是："我以后就不跟你联系了。"这是一条很巧妙的退路。这种方法，即联络法。

第二个角度，礼仪是有效的沟通技巧。"闻道有先后，术业有专攻"。人和人打交道，沟通是比较困难的一条。有时候你如果不注意沟通，就会问题不断。比如，我举个简单例子：你说别人穿衣服，谁愿意穿的衣服让别人觉得自己没有品位？！待人接物，谁愿

10

意让人说自己糊涂、傻？没有吧？我深信我国人民不管是城市的还是乡村的，不管是企业家、知识分子还是农民、工人，都有学习礼仪、运用礼仪的愿望，因为没有人愿意让别人觉得自己没有教养，没有人打算让自己丢人现眼，更没有人愿意伤害别人。有的人之所以弄巧成拙，主要在于他不懂礼仪。不知礼怎么去讲礼，不知礼就没办法去讲。虽说"沟通无极限"，但是沟通往往存在着困难。正确地运用礼仪，方可有效地进行人际沟通。

比如，我举一个简单的例子，现在的高楼、大厦，宾馆、酒店一般都采用无人驾驶电梯，假如你是主人，当你陪同多位客人出入这种电梯时，请问出入电梯的标准顺序如何？主人和客人应该怎么走，主人是先进先出，还是后进后出？

陪同客人出入电梯，假如是无人驾驶的升降式电梯，标准做法是什么呢？陪同人员需要先入，后出。为什么？有以下两个原因：

第一个原因，安全。你把门一打开，就把客人让进去，你能够保证电梯底板同时到位吗？万一它不上来呢？万一里面有坏人呢？

引导不就是带路嘛，是故引导者一定要走在前面。你在前面带路时，你往往需要提醒被陪同者此处有楼梯、有台阶，那个地方比较暗，请他留意，所以引导者必须走在前面。

第二个原因，方便。下次您坐电梯时，请您注意：电梯门口那个钮，我们把它叫做升降钮。一按它，电梯就来了。但是，它一般有设定的程序，大概几十秒钟就自动关门走了。我经常遇到这种事——客人还没上完，陪同人员着急了，拿胳膊跟电梯门搏斗，或者用脚挡在那里，还有的同志大喊"快来"。此举非常非常有损个人形象。如果陪同人员先进入电梯按住有开门标志的按钮，就不会出现这样的尴尬。电梯到达目标楼层，再次按住开门按钮，等客人陆续下完再出电梯。如此即方便了客人进出，也显得待客周到。

穿衣服时，谁愿意不讲规则与品位呢？没有吧？但是你要不懂有关的规则就很可能贻笑大方。比如，夏天的时候有人穿露脚趾、露脚跟的凉鞋，很多女孩子穿。但是依据"礼"，这种露脚趾和露脚跟的凉鞋适穿的场合则是有要求的。在非常重要的场合，上班的时候，特别是穿制服的时候，穿露趾和露跟的凉鞋是不得体的。当然倒过来说，如果你要休闲度假到海滨去，到海南、到泰国去旅游，那就另当别论。在那种地方，你要穿着高跟鞋或套装反而不伦不类，它其实有一个适用场合的问题。

再举一个例子，在非正式场合穿露趾凉鞋是可以的，但是穿露趾凉鞋还有一条游戏规则：不能穿袜子。穿露脚趾凉鞋就是要透气啊，你要再穿一双袜子则叫煞有介事，等于告诉别人"自己的腿上有情况"，比如，汗毛粗重、毛孔粗大、胎斑色痣，害怕被别人发现。所以你穿露趾凉鞋时煞有介事地穿上一双袜子，自己觉得挺正规，看在行家的眼里却是稍逊一筹。这里我讲的是沟通技巧。礼仪就是一种沟通技巧。

又如，男人穿西装亦有它的游戏规则。请问：男同志穿西装的最高水准的要求是什么？

我在此要介绍的是三色原则。穿套装也好，穿套裙也好，穿制服也好，基本的游戏规则是：全身颜色皆应被控制在三种之内。包括上衣，包括下衣，包括衬衫，包括领带，包括鞋袜在内。比如我穿西装套装，套装是一个颜色，深色的；鞋袜是一个颜色，黑色的；衬衫是一个颜色，白色的；这就三色了。那么领带呢，领带只有一种选择，领带的颜色和西装是一个颜色为佳。当然，喜庆场合，比如，国庆或参加少数民族节日，喜庆一点，我可以打紫红色领带，那是比较特殊的情况。在一般情况下，三色原则是着装最基本的游戏规则。我有一个习惯，一个人要穿着西装，打着领带向我走来时，我通常不太在乎他自报家门，而是喜欢把他身上的颜色数一数。我的经验是：在他的身上，三种颜色一般是懂规矩的，四种颜色一般是不太懂规矩的，五种颜色以上肯定是不懂规矩的。

再如，一个男人穿西装外出的话，尤其在国际交往中，我们一般要求其遵守三一律。什么叫三一律？就是你穿西装的时候，身上有三个地方应该是同一种颜色，哪三个地方？鞋子、腰带、公文包！它们三者应该是一种颜色，而且应当首选黑色。当然，我讲的是很正规的场合。内行看门道，讲究的男人出来的话，他的鞋子、腰带、公文包肯定是一个颜色，而且首选黑色。不过我也见过不在行的。

那天，我在机场见到一个老兄。他脚穿白皮鞋，腰系红腰带，手拿咖啡色手袋。当他看见我后，马上就过来了。没办法，我边上还有很多外国朋友呢，怎么也是咱们自己人，我想替他圆场，就问他："你今天为什么穿得这么花呀？"没曾想他告诉我："那还用说吗，哥们儿今年是本命年。"

此刻他跟我用的不是同一个标准，于是他与我的沟通出现了障碍。

第三个角度，礼仪是约定俗成的行为规范。 现代人是讲规范的，规范就是标准。礼仪，其实就是待人接物时约定俗成的标准化做法。前面我们讲到了"教养体现于细节，细节展示素质"，其实规范就是展示于细节的。在任何情况下，规范的问题你要不注意，那就会比较麻烦。我们强调：礼仪不仅是交往艺术，是沟通技巧，而且也是行为规范！

当然，现代礼仪是划分得很具体的，不同的领域，不同的对象，都有不同的讲究。一般而论，现代礼仪可以分成以下五大板块。

其一，政务礼仪。 它是国家机关工作人员、国家公务员在执行国家公务、为人民服务时所讲究的礼仪。

其二，商务礼仪。 它是企业的从业人员在商务交往中所讲究的礼仪。

其三，服务礼仪。 它是服务行业从业人员——酒店、餐厅、旅行社、银行、保险公司、医院等单位的从业人员，在其工作中所讲的礼仪。

其四，社交礼仪。 它是人们在工作之余的公众场合，在其迎来送往、私人交往中所讲的礼仪。

其五，国际礼仪。 它是我们中国人和外国人打交道时所要讲究的礼仪。

之所以要把政务礼仪、商务礼仪、服务礼仪、社交礼仪和国际礼仪分类介绍，主要是想说明什么呢？想要说明的是：它们有不同的适用对象，你不可能以不变应万变。我们举一个例子，中国人吃饭有一个习惯：给别人夹菜。一般的社交场合我们经常受到这种厚待，长辈要给晚辈夹个菜，主人要给客人夹菜，以示那种谦让和友善。恐怕各位都曾经受到过这种待遇，比如爹妈和老前辈给我们夹一筷子菜，礼让给你。但国际礼仪是绝不允许此举的。国际礼仪讲究的是：让菜不夹菜。为什么？道理很简单。换成另外一个角度，你又不知道我是谁，你又不知道我爱吃什么，你凭什么给我夹菜。不是讲尊重吗？尊重别人，就是要尊重别人的选择。你给我夹的那筷子菜，万一我不愿意吃呢？

有一次，我就非常倒霉。我肠胃不太好，不爱吃比较寒的东西。那天被一个同志请吃大闸蟹，他一会儿给我来一只，夹过来我就得吃。然后再给我夹一只，我又吃了。他连着让我吃了三只，我被他弄得连续一个星期胃痛。

他给你夹了菜，你没办法不吃。这还算好的，还有更差劲的。有人拿自己的筷子给你夹，还把筷子先在嘴里"处理"一下，等于给你派送一口唾沫，你说恶心不恶心？！不同的地方，是有不同的讲究的。如果彼此是熟人、自己人，就不讲这个。比如两个青年男女在谈恋爱呢，人约黄昏后，两人在属于自己的二人世界里一块儿说悄悄话，吃悄悄饭去了。那女孩子夹了一筷子菜，含情脉脉，给男朋友递过来了。可以想象那位帅哥当时会是什么感觉，他恐怕恨不得把筷子都吃了！此刻，他绝对不会要求对方出示健康证书之类的，那是没道理的。所以这里就要加以说明，礼仪它有自己特定的适用范围、适用对象，你不能弄错了。

————————

究竟什么时候需要我们讲究礼仪呢？大体上在以下三种情况下要讲究礼仪。

第一，初次交往。第一次打交道时，你要给人留下好的印象。你初次跟别人打交道，他不知道你姓甚名谁。比如，我现在跟各位在一块儿交往，我们假定要在这儿交往十天、八天，您知道我是一位礼仪专家，是一位大学教授，有的时候我随便点，这叫不见外。又如，你是我家孩子，或者是我晚辈，我给你夹一筷子菜，那我是看得起你，这个你挺高兴的。但我们彼此如果是不认识呢？不认识的话，上来给你夹菜，是不是有点不合适？所以初次交往要讲礼仪。

第二，因公交往。两国交兵各为其主。公事公办，有助于拉开距离。跟外单位、外行业的人打交道，即便是熟人也要讲礼仪，那样做有助于更好地进行公务交往。在因公交往之中，不能不讲究礼仪。

第三，涉外交往。"十里不同风，百里不同俗"。和外国客人打交道，有的时候你要不讲国际礼仪那就麻烦了。比如，北京的市花是月季和菊这两种花。逢年过节，尤其国庆前后都要用菊花装点国庆的北京。京城那时到处是菊花。但是有国际交往经验的人都知道，不少外国客人是比较忌讳菊花的，尤其是西方客人。在西方文化中，菊花往往是死人专用的。他们把它叫做妖花，叫葬礼之花。如果来

了外国客人，你给他送了一盆菊花，那就等于是为他送葬。在西方，菊花往往在墓地摆放。你给他送一盆菊花，或放他家里去了，那怎么行？！所以，在涉外交往中，我们一定要讲国际礼仪。国际礼仪，其实就是人们在国际社会中所必须恪守的有关交际往来的"交通规则"。

那么，我们为什么要学习礼仪、运用礼仪？

学习礼仪、运用礼仪，简而言之，通常具有以下三大作用：

第一个作用，内强素质。作为现代人，你跟别人打交道也好，你要做好本职工作也好，恰到好处地展示自己的素质都是非常重要的。教养体现于细节，细节展示素质。言谈、话语、举止行为，其实都是个人的素养问题。荀子曾说："礼者，养也"，就是此意。比如，个别国人，在国际交往中和正式场合往往不修边幅，那么有的时候就影响形象。有的同志在你对面一坐，习惯性地顺手把裤腿往上一拉，露出一条"飞毛腿"，这个顶多说明他发育正常。还有同志按着鼻孔，一下就把鼻涕之类发射出去了。我还见过最高境界，他不发射，自己消化，他一下就把那个东西咽下去了。这样的人并不多，

17

但是说实话，如果你要遇到其中的一位，您说他的个人素质如何？

在国际交往中，上述那样的同志往往会影响国家形象，影响民族形象，也影响我们的地方形象。因为任何一个中国人到外国去了，在公众场合擤了一下鼻子，别人可能就说那是中国人擤鼻涕，说那是北京人擤鼻子，甚至说那是某单位、某部门的人擤鼻子！总之，我们的个人形象其实代表着组织形象，我们的个人形象代表着国家形象、产品形象和服务形象。

第二个作用，外塑形象。在国际交往中也好，在国内交往中也好，员工的个人形象，就是代表组织形象，就是代表产品和服务形象。有鉴于此，我们一定要时刻维护好自身形象。

那天，我问一位男同志："你为何不照照镜子？"

他问："我照镜子干什么？"

我说："请你用它去照一照鼻孔，检查一下自己的鼻毛吧。它已超出你的鼻孔之外。走近之后，我们都会发现你的鼻毛正在鼻孔之外随风飘摇。"

它实际上是一个个人形象问题。在国内交往与国际交往中，个人形象都是比较重要的。

第三个作用，增进交往。现代人都有这样的欲望：要多交朋友，广结善缘。一个人不管你愿意不愿意，你必然要跟别人打交道。古希腊哲人亚里士多德曾说："一个人若不和别人打交道，他不是一个神，就是一只兽。"革命导师马克思则强调过："人是各种社会关系的总和。"一个人不论做任何事情，做农民也好，做工人也好，做企业家也好，做官员也好，做学者也好，做学生也好，你肯定都要和别人交往。既然要跟别人交往，你就要掌握交往的艺术，所以学习礼仪有助于我们的人际交往。说话时你得会说，什么话能说，什么话不能说，它有游戏规则。对此，我们要了解，更要遵守。

总而言之，上面所提到的学习礼仪、运用礼仪的三大作用就是：内强素质，外塑形象，增进交往。我可以把它概括为一句话：使问题最小化。它的具体含义是：学习并运用礼仪，能使你少出问题，或不出问题。说白了，就是可以令我们少丢人，少得罪人。从这个意义上说，就是使问题最小化。它实际上也是效益最大化。打个比方，我们搞外事工作，能为国民生产总值直接作什么贡献吗？能够多炼钢，多种粮吗？不可能的。但是，外事工作做好了，不出问题，就会有助于树立中国国际形象，有助于提升中国国际地位。从这个意义上讲，我们的外事工作不出问题就是对国家、对民族最大的贡献。因此，有助于使人际交往的问题最小化，是学习礼仪的基本作用。

———————————◦❦◦———————————

下边，我再来简单介绍一下，交际礼仪有哪些基本内容。从总体上讲，它包括以下两大内容。

内容之一，叫做形象设计。形象设计，其实就是一个人的穿着打扮、言谈话语、举止行为。比如说，你是一个有教养的人，你和外人打交道时，不能够随便去置疑别人、训斥别人、诽谤别人，这就是教养，这是你的形象。另外，对穿着打扮你要具有基本的常识。那天，我对一个女孩子讲：戴首饰一般不能乱戴。戴贵金属首饰、戴珠宝首饰时，都要讲究以少为佳，协调为美。你戴八只戒指，你戴三串手镯、手链，胳膊一晃，跟呼啦圈似的，好看吗？实际上，你若有经验的话，会知道协调比较好看，少而精比较好看。比如，现在我要戴一枚黄金的胸针，那么我的戒指和项链最好就戴黄金的。现在流行戴白金戒指，我要戴项链，我就得同时戴白金项链。礼仪上的游戏规则把它叫做同质同色。其具体含义是：同时佩戴多种或多件首饰时，它们的具体质地、色彩都要相同。

有一次我去参加一个宴会，对面的一个女孩把我看晕了。她戴了四枚戒指：一枚是绿色的，翡翠的；一枚玳瑁，黑色的；一枚玛瑙的，咖啡色的；一枚玫瑰金的，彩色的。由于穿着高领衫，她戴的项链看不见。耳环则有两组：一紫一蓝。人家很大方地问我："好看吗？"

我问："你想听真话还是假话？"

她问："啥意思？"

我说："那就跟你简单说吧，反正你戴的首饰都是好东西。"

她又问："什么意思吗？"

我说："把它们放一块不好看。"

她问："为什么呀？"

我说："它们远看像一棵圣诞树，近看像一座杂货铺。你戴的

20

饰物质杂色乱，彼此之间串了味了。"

这里所要说的，其实是形象设计的问题。

内容之二，叫做沟通技巧。你跟任何人打交道，其实都是一种沟通。沟通之事，往往难乎其难。举个例子，说话。你跟别人说话，你得知道什么该说，什么不该说。不该说的就不能说，该说就要说。国际交往也好，社交场合也好，个人隐私的问题就最好不要去说。不问收入、不问年龄，这些是最基本的忌谈问题。遗憾的是，有的人就是不注意此点。

那天，一位同志问我："金教授，您一个月能挣多少钱？"

我跟他开玩笑，我说："挣的跟别的教授差不多。"

我的所答非所问，就是不想跟他就此进行深入探讨。

没想到他很认真地追问："那别的教授一般挣多少？"

我说："国家给多少，就是多少。"

他又再接再厉地打探："国家到底给你们多少？"

他其实是在有效沟通的环节上出了问题，他不了解有关的沟通技巧。

最后，我想来与大家探讨一下礼仪应该如何操作。毛泽东同志说过："学习的目的，全在于应用。"学习礼仪，当然也不例外。学习礼仪，自然而然是为了学以致用。

交际礼仪有着下列三个具体的特点：

第一个特点，规范性。它强调标准化操作礼仪，要求人们在交往中不可肆意妄为。

第二个特点，对象性。它要求人们到什么山上唱什么歌，见不同对象有不同说法，具体操作礼仪时因人而异。

第三个特点，技巧性。它告诉人们：礼仪是讲究技巧、重视操作的。

在实践中，对此三点均应加以认真的注意。

比如，名人、企业家，到公众场合去，其穿着打扮有个游戏规则，叫"男人看表，女人看包"。当然那是大人物、要人的规则。讲究的男人的表是比较有档次的，此即"男人看表"。当然，有的男人也不讲究，为什么他不戴表，你问他"几点"，人家不用看表，一看手机就知道了。"女人看包"则是说，比较讲究的女性，她包里放着什么东西，包是什么色彩的，她都很有讲究。不过我也见过很不讲究的。

那天我跟一位女同志换名片，我说："认识你很高兴，我们换一下名片吧？"她把包拿过来了，挺高档一个包。包一打开，首先拿出一包瓜子。我装没看见，其实看见了，是洽洽的。然后翻出一包话梅，接着冒出一只袜子。最后，她告诉我名片忘带了。该带的没带，不该带的带了。

在公共场合，人们在打量一个人时，讲究"女人看头，男人看腰"。"女人看头"是看什么？首先看发型，其次看化妆。注重个人形象的女性，对发型都比较介意。有社交经验的女人知道，在重要场合是要化妆的，这是基本礼貌。化妆是对交往对象和对别人的尊重。男人看什么？"男人看腰"，我给男同志留一个小问题，请你扪腰自问："男人看腰是看什么？"

"男人看腰"，其实不是看我们的腰粗不粗，也不是看腰带威风不威风。当企业家的人系着高档腰带还说得过去，我是一个大学生，我花爹妈的钱，我系一条登喜路的腰带，两千多块钱，别人肯定认为不合适吧？不是看你衬衫下摆有没有掖到裤腰里去，也不是看你弯腰时会不会露出一截秋裤！看什么呢，看下面这样一个细节：重要的场合，有地位、有身份的男人，比较讲游戏规则的男人，腰带上面挂不挂别的东西？有地位、有身份的男人腰上是不挂任何东西的！有的老兄往我们对面一站，我们就会发现他有点问题，他腰上别着手机一只，打火机一枚，瑞士军刀一柄，另外还有一把钥匙。说句不好听的话，他就是像是全副武装的远征军，很不正规。

综上而言，礼仪的操作实际上就是七个字：有所不为，有所为。什么叫有所不为？有所不为的意思，就是在重要场合、在待人接物时，有些事情不能去做。它规范了我们不能出什么洋相，不能犯什么错误。

比如，招待客人喝饮料，要是训练有素的公关人员、接待人员，你就会知道，绝对不能乱问问题。我经常遇到有人乱问，好心好意地乱问。

那天，我到一个单位去了，负责人没赶回来，女秘书刚赶回来。

那位女秘书大概是大学生刚参加工作，经验少。她气喘吁吁跑来了，说："金教授，我们头还在后面呢，我先回来了。头儿交代了，让我伺候好你，要什么就给什么。"

我说："你夸张了，你这不是牺牲吗？你不能这么说。你也别跟我说别的，咱们搞一点喝的吧。"因为我们当时在一个酒店大堂里呢，两人傻站着，不合适。

她很实在地问我："金教授，喝点什么呀？"

有经验的人是不会问这种问题的。喝点什么？吃点什么？你想去什么地方玩？这叫开放式问题。那样去问问题，你会给客人无限大的选择空间！

如果你是当爸爸的，你宠你家孩子，你问他："孩子，今儿礼拜六，到哪儿玩？"美国迪斯尼！你飞得过去吗？当时那位女孩如此问我，我就开玩笑地答道："不客气了，来一杯路易十三吧。"

她当时眼都直了："你还真要？"

我问："为什么不可以？"

她说："那酒一瓶一万多。我没带那么多钱，我的口袋里一共只有三千多。"

我说："我告诉你吧，有经验的人，此时一定要使用封闭式问题。"

什么叫封闭式问题？就是给出所有选择，让对方从中挑选。比如，你招待金教授喝饮料时，你要这么问："金教授喝茶，还是喝矿泉水？"等于告诉老金：不喝茶，就只能喝矿泉水，不要想路易十三了。因此，"有所为，有所不为"的操作性是很强的。什么话能说，什么话不能说；什么事能做，什么事不能做，都是大有讲究的。

比如，穿西装时最不能出的洋相就是袖子上的商标没有拆掉。当然我们现在一般城市里的同志大部分都不至于出现这个问题了。刚开始流行西装的时候，有的同志的确不行。西装左边袖子上那个商标，按照游戏规则，一交钱一刷卡的话，服务生就该给你拆了。现在有的高档西装干脆就没有它了。一开始，有的同志不知道，认为袖子上有一个商标是名牌的标志。经常有人走路时有意做曲臂挺进状，他要露一手，不太好看啊。

有时候，还有一个有所为的要求。其含义是：在人际交往中，我们应该怎么去做。怎么把这个事给弄好点，怎么样展示自己的良好教养和训练有素。比如，你用手跟别人做指示，手最好不要指着别人身体——你、你、你，此举有教训之嫌，有指责之意。万不得已要指的话，手指要并着，掌心向上翻起来比较好看。若是手指指向别人的鼻子，或是向上勾动，则犹如要跟别人决斗。因此，应该怎么做，不应该怎么做，是有讲究的。

如上所言，具体操作礼仪主要有两个要点：

第一，有所不为。不能说的话、不能做的事、不能犯的错误别出现。

第二，有所为。怎样去把它做好一点？像我刚才所讲的穿西装的三色原则、三一定律，都是有所为。

在即将结束本讲之时，我还要强调一下学习礼仪、运用礼仪时，需要注重的三个基本的理念。

第一，**尊重为本**。"礼者,敬人也。"礼仪最重要的要求,就是尊重。尊重上级是一种天职,尊重同事是一种本分,尊重下级是一种美德,尊重客人是一种常识,尊重对手是一种风度,尊重所有人则是一种教养。我们必须强调:运用礼仪、学习礼仪时最最重要的就是尊重。当然,我们所强调的尊重,不仅是针对外人的,它同时也包括自尊。

第二，**善于表达**。和外人打交道时,你一定要恰到好处地把你的尊重和友善表达出来。你不去表达,像我们刚才讲的,打电话你不注意,穿衣服你不注意,和别人说话你不注意,你很可能就会自找麻烦,惹火烧身,影响到有效沟通。你对别人的尊重和自尊,往往可能会被别人误会。所以要善于表达自己的律己与敬人之意。

第三，**形式规范**。运用礼仪之时,你不能乱来。讲不讲规范,是你的个人素质问题;懂不懂得规范,则是你的教养和修养问题。

以上,就是我对交际礼仪所做的一个宏观概述。希望大家通过自己的学习和观察,通过自己的修养与努力,不断地增加自己在礼仪方面的知识,提升自己在待人接物方面的品位,增进自己的人际交往。

第 1 篇

遵守公德

看到本篇的标题，你也许会问：社会公德与公务礼仪有什么必然的联系吗？从本质上讲，社会公德乃是交际礼仪的基础。

首先来讲一讲什么是社会公德，什么是道德？

简而言之，道德就是对人们伦理关系的基本规范。

伦理关系之中包含有各种各样的关系，比如，我们经常谈到的家庭关系、邻里关系、血缘关系、姻亲关系、同事关系、朋友关系，等等。从这个角度来讲，人们所强调的伦理关系之中的协调可以分为两个部分来讲：一部分是所谓的私德，另一部分则称之为公德。

私德这个概念以前讲的比较少，它就是人们对自己的要求，是个人行为的自我约束。因此，私德有时又称个人私德。

因为人都是一个社会人，你和别人打交道，你不可能不考虑到别人的感受。比如，男同志和别人打交道的时候，除了要完成自己的事业，做好自己的工作，建立良好的人际关系之外，形象很重要吧，形象问题会直接影响到你的工作的效果。我经常跟其他男同志讲：一个男人，如果想被别人尊重，不被异性讨厌（试想一个成年男人谁又愿意被异性讨厌呢？），其实最重要的一点就是要干净。一定要做到干净卫生。你不一定要高大威猛，也不一定要成为 F4，但是有一点非常重要，就是平时要做到干净整洁。这是别人尤其是女同志接受你的前提。

我经常告诉我们的公务员：重要的场合抛头露面之前，你需要照照镜子。有人问我照镜子干什么呀？我说是要照鼻子。他问照鼻子干什么，我说你照照你的鼻毛，看看鼻毛有没有露出来。男人到了一定年纪，鼻毛会长得比较快，本来别人是很尊敬他的，但是当人家走近他之后，发现他的一撮鼻毛在鼻孔之外正随风飘摇，像小刷子一样，惨不忍睹，他的那种尊容会让别人做噩梦的，会直接有损于他的形象。

又比如，你到公众场所去，除了跟别人打交道之外，自己有没有养成自身卫生习惯，实际上关系甚大。前几年，国家在推动社会公德建设时，曾强调"三个讲"、"一个树"，即讲文明、讲卫生、讲科学，树新风。其中讲卫生放在第二位，表明它很重要。所谓讲卫生，即倡导养成良好的个人卫生习惯。比如，身上不但要没有异味，而且还要注意没有异物，没有异味和没有异物都很重要。有的同志说：没有异味就是要多洗澡嘛，就是要刷牙嘛。其实那仅仅是一般性要求，从更高层次来讲，重要是一定要养成习惯，不要吃带刺激性气味的东西，比如，葱、蒜。因为吃完葱之后，你的呼吸里面都带着葱味。你吃了蒜之后，打嗝、排气都会是臭的。此外还包括韭菜，韭菜没有葱蒜那么厉害，但是我们经常讲这个东西后劲够足，可持续发挥。今晚吃了韭菜馅包子，明天下午打个嗝还能把别人熏个半死。所以有很多服务行业要求员工平时不吃葱、蒜、韭菜，不饮酒。

再比如，我要去参加舞会，我是一个帅哥，我要请一位小姐跳舞，因而此前我就要注意不能酗酒，不能抽烟，否则那个满嘴烟酒味所产生的混合性气味，可能会让别人中暑。这些都是对一个人自身的要求，所以独善其身有的时候是必要的，是做人的底线。它往往指的就是一个人的私德。

除了这个底线之外，还有一个跟别人相处时彼此关系的协调问题需要注意，它指的则是社会公德，简称公德。独善其身的要求属于私德，是要求自己的；和别人相处的时候就需要注意公德，就是社会交往中所要讲究的道德。我们为什么讲究社会公德，社会公德和礼仪有什么关系呢？社会公德，是对现代人伦理道德规范的基本要求。而这种要求的具体表现形式，就是礼仪。一个是基本要求，一个是表现形式，二者实际上就是我们所讲的内在美与外在美。二者合二而一，才是真正的真、善、美。

伟大的俄罗斯作家契诃夫说过：一个人不仅要有美的外表，美的衣衫，美的语言，而且还要有美丽的心灵，还要表里如一。实际上，我们所讲的道德是一种内心要求，但是这个内心要求需要你表现出来。你不表现别人怎么会知道呢？打一个比方，我经常跟年轻的小伙子、小女孩讲，你喜欢别人，暗恋别人，你必须表现，是不是？！否则时不我待，你说我在心里爱你，我深深地爱着你，但你不表达出来，对方就不知道。你爱一辈子也没有用呀，你和她很可能因此而失之交臂了。

当代的道德规范主要有哪些内容呢？事实上，它在不同的国家、不同社会、不同区域、不同时间有着不同的表现形式。在我们当代社会主义市场经济建设时期，在我们社会主义中国，需要什么样的道德规范呢？中共中央在 2001 年 9 月 20 日正式发布《公民道德建设实施纲要》，其中对公民的基本道德规范作了明确的规定，具体要求就是五句话："爱国守法、明礼诚信、团结友善、勤俭自强、敬业奉献。"它涉及到我们每一个中国人的方方面面，是社会主义市场经济条件下每一名中国公民协调各种社会关系的时候所要遵守的基本规则。其中"明礼诚信"被列为第二条，足见"明礼"的重要性。之所以要强调礼仪是社会公德的重要表现形式，正是基于这个原因。

2006 年 3 月 4 日，胡锦涛同志指出："要教育广大干部群众特别是广大青少年树立社会主义荣辱观，以热爱祖国为荣、以危害祖国为耻，以服务人民为荣、以背离人民为耻，以崇尚科学为荣、以愚昧无知为耻，以辛勤劳动为荣、以好逸恶劳为耻，以团结互助为荣、以损人利己为耻，以诚实守信为荣、以见利忘义为耻，以遵纪守法为荣、以违法乱纪为耻，以艰苦奋斗为荣、以骄奢淫逸为耻。"他所倡导的"八荣八耻"社会主义荣辱观，是对我国新时期社会公德的进一步规范化和具体化。

一般而言，当代人所应恪守的公德所具体包括的内容可以划分为如下相辅相成的三个层次。

其一，家庭美德。对于一个人来讲，什么是最重要的呢？除了生命是最重要的之外，在我的理解中，家庭是最重要的。没有父母，就没有我们。没有孩子，就没有我们的未来。家庭永远都是现代社会的基础。一个讲公德的人，一个有道德的人，永远都要关注家庭关系的处理，永远都要孝敬父母、赡养老人、教育子女、关心后代。这些是一个人所拥有的天伦之乐，也是其应尽的责任。

前几天，我们人民大学国际关系学院开学。为了让学生和家长之间互动，我们特别邀请送新生入学的家长来参加这个仪式。当时，我校党委书记程天权教授上去讲话。他说：我想我们的同学到了新的学校，到了人民大学，一定会很开心，也会感激一些人。那么，我提议，首先我们大家鼓掌感谢我们的父母，感谢我们的家长！因为没有他们的节衣缩食、严格要求、无私奉献，就没有同学们的今天。同学们今后不论走到哪里，都不要忘记父亲、母亲的恩情。我注意到：当时在场的家长不仅热烈地鼓掌，而且很多人都已热泪盈眶。因为程天权教授的讲话涉及到的是家庭关系问题，家庭对每个人来说都是非常重要的。一名有教养的人，永远要记住感恩！你走到哪里，都不要忘了身后最支持你的人是你的父母，关键时刻帮助你的是你的兄弟姐妹。家庭美德，处理的主要就是家庭关系，它是协调家庭关系的基本规范。

其二，职业道德。现代人要想在社会上立足，一定要力求拥有一技之长。每个人都要拥有一份工作，不管是到别人的企业工作，还是自己创办一家公司工作。在工作中，我们就要讲职业道德。所谓职业道德，一般是指岗位行为规范。比如，在工作之中，你要爱岗敬业，你要诚实无欺，你要履行承诺，这些都非常重要，也是最基本的职业道德。我有一次去坐飞机，那班飞机晚点了。其实，飞机晚点我们都可以理解，可能是天气的原因，也可能是飞机调配的原因。但是后来大家都不高兴了。为什么呢？据说，飞机晚点，是由于配餐车来晚了，给我们乘客送吃的东西的那个车子来晚了。这真的是不应该的，在我看来这就是严重失职。遵守职业道德，就是要求人们爱岗敬业，做好自己的本职工作。恪尽职守，就是对社会、对国家、对本单位的贡献。遵守职业道德，是每一名现代人义不容辞的责任。

其三，社会公德。所谓社会公德，就是你在泛交际中，在协调各种各样的社会关系的时候所必须遵守的行为准则。一个人永远生活在社会之中，所以你一定要注意对这些关系的协调。在任何时候，每个人都不能只为你自己着想，而不想他人。坐车的时候你要排队，上车之前你要买票，吃了东西之后你不要随地乱丢废弃物，公共场合你不要不注意个人卫生问题，不能领着自己的宠物狗到闹市兜风，等等，都是社会公德的具体化要求。简单地说，讲究社会公德，首先就是要求我们凡事要以他人为先。但是，有人就缺少这样一些起码的教养。比如，你高高兴兴地看电影去了，影片非常精彩，周围却突然响起了手机声，此起彼伏像电蛐蛐一样，大大地破坏了你看电影的情绪。还会有人高声喧哗，他把谈恋爱的场所搬到影剧院里来了。

讲究道德，乃是做人之本。有道德才能高尚，有教养才能文明。具体操作时，则须明确它有不同的层面。时空不同、区域不同、对象不同，其具体要求往往会有所不同。但是，各个国家，各个时代的公德都包括这三项内容：家庭美德协调家庭关系；职业道德协调职业关系；社会公德协调社会关系。

在本篇之中，我们所重点讨论的是社会公德。社会公德包括哪些具体内容呢？当前我们最需要注意的，主要应该是以下几个方面：

第一，热爱祖国。在任何情况下，热爱祖国，都是社会公德中最重要的内容。如果说家庭是我们的港湾，那么祖国就是我们的母亲。在任何情况下，都要维护国家尊严。捍卫国家利益与尊严，是公民最基本的社会公德。你跟任何人可以提意见；你对国家可以表示你个人的建议和看法，通过民主合法的程序即可。但是，在任何情况下，我们都不能做出有损国格的事情。人格不能有损，国格更不能有损。这是社会公德对我们的要求。像我从事外事工作就会遇到一个问题，和外国人打交道时，既要维护我们自身的尊严，又要和对方互动。其中的具体分寸应当怎样把握呢？我个人认为：在那种场合，尊重外国友人固然重要，但更重要的则是我们必须自觉地拥有国家意识，必须热爱祖国、保卫国家主权、维护国家尊严、捍卫国家的利益。不允许率性而为，不能乱说，不能乱来。

第二，遵守法律。现代社会与传统社会最大的一个区别，就是厉行法制。法律是调整人际关系最重要的手段，也是最基本的方式。调整人际关系有各种各样的规范，道德规范、法律规范等等。法律规范是一种刚性规范。简单地说，法律永远不会为个人而变动，其轻易不会发生重大变化，所以你永远不能向法律示威。没有法律意识的人，就是没有文明意识的人，也是会破坏自己的前途与命运的人。此点务必引起注意。

我有一次跟几个朋友吃饭，当时有一位外国的企业家在场，他刚与一位中方企业家达成了合作意向。中方的那位企业家当时对他的外国客人说："这桌没什么好吃的菜，你走南闯北的吃的好东西一定比我这儿多，但是这道菜值得你们一吃。"他指了指一个盘子。那个外国人也很会互动，问："这是什么菜？""这菜你可能没吃过，这是穿山甲，是我们国内的法定保护动物。一般人都吃不到，咱们是哥们，我给你弄来了，而且是活的，刚杀的。"我注意到那个外国人倒也吃了，但是吃了之后他就溜走了，再也不谈合作的事儿了。后来有一次碰到他，我装糊涂地问他："你上次本来说跟人家合作了，怎么吃了美食之后就溜了？"

那个外国人告诉我：那种人我不能跟他合作。他不讲法制观念，为了那张臭嘴他可以置国家法律于不顾，我跟他合作之后，他没准哪天会携款而逃。

当前，我们必须强化自身的法律意识，要做到知法、守法。爱国与守法，从本质上讲是同等重要的。

第三，保护弱者。保护弱者，在此是指对弱势群体的关心、照顾与保护。在任何国家、任何社会，每个人的能力都有大小强弱之别。比如，干体力劳动，女性不如男性；小孩子在社会上活动的能力肯定不如成人；老弱病残孕都需要保护。做任何事情时，我们都要考虑弱者，扶老携幼，尊重妇女，尊重老人，照顾儿童，这是做人的基本要求。

你不注意这点行吗？我发现：我们现在有的人在这方面就稍微差了一点。比如，公共汽车上有那种老弱婴幼的专座，我们经常看到有的成年人堂而皇之地坐在那里，这样就不合适吧。年轻力壮的你，在抢座位或拒绝让座于弱者时，不要觉得病人软弱好欺负，老人的行动很笨拙。总有一天，你也会老的，我们都会老的，我们都会生病的。当我们老的时候，别人不给我们让座我们怎么办；当我们有病的时候，没人搭理我们怎么办。在现代社会上，人与人之间需要合作，需要相互关心。我们提倡一人为大家，大家为一人。保护弱者是非常重要的。这是我们中华民族的传统美德，我们有责任对其身体力行，并把它发扬光大。

第四，遵守秩序。现代生活，实际上是一种规范而有秩序的生活。比如，买东西要排队，要讲先来后到；公众场合里不允许吸烟，不准大声喧哗，等等。有些缺少现代文明素养的人，对秩序重视不够。比如，在很多地方大声喧哗造成了公害。半夜你在那儿睡觉，突然楼下夜半歌声；你在那儿看电影、看电视，四周突然有人狂吼；这都是一种噪音污染。甚至有个别人把这种不良行为带到国际交往中去，他们在各国旅游观光时，在飞机上大喊大叫，在酒店里裸背而行，在大街上随便穿行。

在国内，也有一些不遵守公共秩序的人。他们在公共场合大吃大喝，大声喧哗，划拳不止，狂呼乱叫，随手乱扔，随口乱吐。还有个别人，不仅在商店里购物、付款时永远不知道依次排队而行，而且驾驶汽车在道路上行进时也永远争先恐后，不懂得礼让行人、非机动车或其他车辆。

第五，为人诚信。中国自古以来就是一个信守承诺的国家。我们中国人讲到自己的为人处事的哲学时，喜欢讲几句话：以和为贵、以礼为先、以诚为本，这是我们的传统美德。一个人倘若言而无信，则必定难以取信于人。言而有信，是取信于人的前提。举一个例子，有一个人找我借一本书，我会借给他，并要求他按期归还。可是后来他忘了还书的事。一次忘了可以，下次他又和我讲他忘了，他总是说他忘了。虽然这是一件小事，但他说话不算数，不守个人信用，会给我很不好的印象。为人诚信，是做人之道中非常重要的一点。不仅对自己人要诚信，对外人更要诚信；不仅对家人要诚信，对本地人、本省人要诚信，对全国人民、对世界人民都要诚信。总之，在人际交往之中，对任何人都要诚信。

第六，保护环境。现代文明意识之中重要的一点，就是要拥有环境意识。环境是我们人类生存的外部空间，爱护环境实际上就是爱护我们自己。有的人有一些不好的生活习惯，他的家里很干净，布置得比宾馆还要好，非常豪华、清爽、宜人，但是楼道里面却杂乱无章，楼下面垃圾遍地。游公园，逛马路时，他随手乱掷、乱扔、乱吐、乱撒。还有一些人摧残动物，踩折花木，污染水源，污损古迹。其实这些都是我们生存的环境。如果人人都去毁坏环境，那么我们怎么会拥有美好的环境可以共享呢？作为一个文明人，我们大家都要明确：对于我们共同的空间，人人都有责任去保护它。这一点是

非常重要的。保护环境，实际上就是爱护我们的社会，就是爱护我们人类自身，就是爱护我们自己，就是爱护我们自己的下一代。

第七，讲究卫生。我已经再三再四地强调，每个人都要养成讲究卫生的良好习惯。因为这是一个人的为人之本。它不仅是私德的问题，而且也是一个公德的问题。在大庭广众前抛头露面时，我们的身体一定要无异味、无异物，要有个人良好的生活习惯，这些都是非常重要的。不仅自己独处的时候要讲究卫生，和别人共处时更要讲究卫生。你要不讲究卫生，不仅会直接影响自己与他人的身体健康，而且还有可能损害自己的公众形象。

不论社会公德、职业道德，还是家庭美德，说到底这些都是做人的基本规范，都是我们在人际交往中与人合作的基本规范。规范就是标准。讲道德的实质，就是要规范人们的个人行为与公共行为，促进社会的和谐、稳定与进步。讲不讲规范是你个人素质的问题，讲不讲规范也是你个人的文明程度与受教育程度的一种反映。

我喜欢讲一句话：教养体现于细节，细节展示素质，细节决定成败。在现代社会里，有人有不足，有人有缺点，有人有一些问题，都是非常正常的。正是因为如此，我们才提倡社会公德。我们在倡导社会公德的时候，首先要树立公民的公德意识。具体而言，树立公民的公德意识，一是要有紧迫的意识，一是要有自律的意识，一是要有主动的意识。我们要爱自己，爱我们的家庭，爱我们的生活，爱我们的社会，爱我们的人民，爱我们的环境，爱我们的祖国，爱我们的世界。遵守社会公德，一定要从我做起，从现在做起。

第 2 篇

称呼他人

在本篇中，我们主要来谈一谈有关称呼的基本礼仪。在谈这个问题之前，我想首先问一个问题：当你第一次和别人见面时，通常会遇到那些礼仪问题呢？

凡事皆有一定之规。做任何事情，都有一些基本的规则和程序可循。在人际交往时，实际上存在着如下三个要素。第一个要素：意图。你想不想把这事儿做成，你想怎么做，意图——指导思想。第二个要素：行动。有什么样的思想，就会有什么样的生活和工作方式。人们的一切行为，通常都是要把意图变成行动。第三个要素：途径。你的这项行动需要采用具体方式。比如，我想和你约会，我可以写信告诉你，可以打电话，可以上网交流，可以发 E-mail，可以发手机短信息。这里面都有具体的形式问题，都要求把行动采用具体的形式表现出来。以上三点，称为"交际三要素"。所有的交际行为，均由此三者组合而成。

见面，是人际交往所不可或缺的环节。和别人见面是有规矩的。当你和别人见面时，你一般需要处理一些什么事情呢？两个人第一次见面，通常是首先通报自己的姓名。比如说，"你好，我是某某某"。然后双方握手，互相交换名片。接着呢，就开始切入正题。

一般来讲，当一个人和别人见面时，大体上以下五个具体环节必不可少的。

第一，称呼。你是我学生，你来给我交作业也好，你碰到我也好，你总不会不称呼我吧？除非你是我女儿、儿子、夫人或者是别的什么特殊情况了，否则别人一定会误会。

第二，介绍。与人见面时，少不了要把自己介绍给别人，或引荐互不相识的人。

第三，行礼。外人见面、熟人长时间没有见面、陌生人之间第一次见面，总要握手行礼，此环节往往必不可少。

第四，交换名片。见面时，人们为了加深印象，以后继续保持联络，需要相互交换名片。

第五，交谈。和任何人沟通，你都不可能一言不发。你又不是不能说话。我请你吃饭时，除了说请用菜、请多用一点、请随意之外，我肯定还得找你聊上两句，而不可能只说一句话"吃吧"。

由此可见，在和别人见面的时候，称呼、介绍、行礼、交谈、握手之类的，这五个环节是必行的。我们称之为相见礼仪五大环节。一般和陌生人见面时，尤其是在正规的场合与别人见面时，这五个具体的环节是不可少的。

交际通常自称呼而始。下面，我们将较为详尽地介绍有关称呼的基本礼仪。在交际的过程中，称呼不仅是关键之点，而且也是起始之处，应该说它是人际交往的一个重要开端。平时有人不太注意此点，其实它是非常重要的。当你和别人见面的时候，这个称呼的问题，往往是绕不过的，它在打电话时或者是在网上沟通时也往往存在着。我经常遇到这样的人，拿起电话筒第一句话："喂，喂，喂。"再问有人吗？那你说我们接电话的不是人吗？你要使用尊称，使用恰到好处的尊称，对方就比较舒服。您跟我说先生您好，来个"您"，那是一种尊称啊，那样我就很舒服。你是晚辈，你年龄比我小，你跟我说话时没有称呼，甚至用了不适当的称呼，那我感觉就不会好。

简而言之，称呼在人际交往中起着两个方面的重要作用：

其一，表示尊重。在人际交往中，尊重为本。使用尊称，意在向别人表示敬意。当你向别人表示尊重和友善的时候，基本的要求就是对对方使用尊称。比如，面对一位老人家，你叫他老先生、老人家，在我们国内，约定俗成这是一种尊称。有些时候要不注意此点可就失礼了。比如，有的北京小伙子叫人家老爷子、老太太，那可就有失于尊重了，别人也会感到特别的不舒服。

其二，拉开距离。你注意到了吗？在不同的情况下使用不同的称呼，往往表示着人际距离的不同。比如说，夫妻、恋人之间，有时候就不一定使用正式的称呼。一声"哎"，尽在不言中。但若面对外人，你与一个异性之间也和人家"哎"，那就麻烦了，那会有点暧昧，别人会怀疑的。

我的名字叫金正昆，你作为学生也好，作为晚辈也好，作为女性也好，你跟我打交道时，你首先要表示对我的尊重，同时还有必要拉开适当的距离。最得体的做法之一，就是对我使用尊称。一名年轻的女孩子，不管是学生还是其他什么身份，要跟我打交道，最利于其自身安全的称呼，就是叫我金教授。我们男同志有一个死穴，就是有点虚荣。你叫我金教授，我就感到自己的地位很高，就得站有站相、坐有坐相，就得专心致志地扮演教授的角色，就不敢歪戴帽子斜穿衣，就不敢言行失之于庄重。你不能叫我老金，那样我们就是平辈，那样我就会比较随便。我的名字叫正昆，你要叫我正昆，那我会尤其随便。这种称呼是从小与我一块长到大的人叫的。你要是叫我阿昆，那就说明我们彼此关系非同一般了，甚至有点暧昧了。其实，称呼是一种距离，它反映着人与人之间关系密切的程度。

称呼不当，的确误事。但有时同一个人会有很多的称呼，比如我，金正昆，就有很多的称呼。什么"金教授"、"金老师"、"金先生"、"老金"等等。如果你想称呼一个比你大二十岁左右的男人，你可以称呼他为叔叔、先生，也可以称呼他为前辈、同志。但是在很多情况下，我们不知道应该如何称呼对方为好。举一个例子，有一位男士，我们假定他叫刘金山，而且他还是你的上级，他是刘局长，你是他的秘书，或者是他的办公室主任。那么你在工作场合，在外人面前，你就要叫他刘局长，以示公私有别。但是在没有外人的时候，那你也可以叫他局长或者老刘。但是你要是在外人面前叫他老刘，那你就是不正规的。在称呼的问题上，一定要讲究"看对象，讲规矩"。这是一条基本规则。

在日常生活与工作中，使用哪些称呼比较受人家欢迎呢？换言之，称呼别人时有何基本要求呢？以下略作介绍。

第一，要采用常规称呼。常规称呼，即人们平时约定俗成的较为规范的称呼。但是，常规性称呼，实际上也受到时间、地点的限制。比如，中国人对老年人是非常尊重的，而且尊重有加。我们从小就知道不能够称呼父母的名字，要为尊者讳。而在欧美的国家里，是讲究人的平等的，所以孩子直呼其父母的名字是很正常的，老爸叫孩子名字就更正常了。我们这儿，上边可以叫下边的名字，下边则绝不能够反其道而行。比如，美国的开国总统乔治·华盛顿，也许他的孩子可以叫他乔治，因为在他的姓名里乔治是他的名字。而我们在这儿就不行了。我从小就不敢叫我老爸的名字，我只叫过一次。记得那是上小学之前，那时我大概五六岁，很调皮。人家给我老爸写了封信，我就在楼下喊他的名字，结果我被老爸抽了一个大嘴巴。他那一巴掌打的我以后再也不敢叫他的名字了。因为中国人是没有这种习惯的。在任何情况下，对别人的称呼都一定要讲究常规。

第二，要区分具体场合。在称呼的具体使用过程中，一定要区分场合。在不同的场合，应该采用不同的称呼，在党和政府内部，大家通常互称同志。但是在国际交往中，面对外国友人的时候，就不能称呼人家同志了吧，而应该称呼人家为主席、总理、部长，以示场合有别、身份有别。称呼，实际上是表示身份有别的一种常规做法。

第三，要坚持入乡随俗。我们在使用称呼的时候，还要考虑入乡随俗的问题。十里不同风，百里不同俗。倘若习俗不一样，称呼往往不大一样。

比如，我国北方一些地区的习俗是：不管结没结婚，你的"那一位"都叫做"对象"，也许有的人就不知道这种习俗。有一次，我就弄了个南辕北辙。我和我老婆到大连做客去了，那儿在周末有一个非常著名的节目，我们正好赶上了。看完节目，当地的几个友人陪着我们吃饭。我太太显得比较年轻，其实她也是三十七八岁了。在那儿陪我们吃饭的一位朋友问我："你对象今年多大了？"我一听就不高兴了，因为我的理解"对象"是没结婚呐，是未婚呀。当时我还有点小心眼，心想难道我是二婚的吗。出于这样的心理，我就着重地强调："我老婆今年三十八了！"他一会儿又问，他说："那你对象忙吗？"我说我老婆很忙，他再问："那你对象做什么工作的？"我就拒绝回答了。过了一会儿，他看着我不高兴，他就搞了个地下活动，把他太太叫来了。他太太五十多岁，踮着小脚气喘吁吁跑来了。他向我介绍说："我对象来了。"天呀！我这时才弄清楚：人家那里不管结没结婚都叫"对象"，这下我才算是真的明白了。

在国外，也会经常遇到类似的问题。我们中国人对家里那口子有不同的称呼，例如，孩子他妈，这个比较通俗；老婆，这个比较民间；夫人，这个比较正式；爱人，这个比较传统；还有更通俗的，叫什么家里的、屋里的、炕上的、娃他娘，还有直接称呼什么翠花、牡丹的。军队还有一个习惯，叫做家属，但一般老同志都保持着比较传统的习惯，喜欢称呼对方爱人。可能英语好的人知道，"爱人"这种称呼在欧美是不能随便使用的。在韩国、日本等地也不能用。为什么呢？因为"爱人"在那里的理解是第三者。你问一个外国人，你指着边上他的太太说："这是你爱人吗？"这一句话，你就能够把他气个半死，你等于宣布他在搞非组织活动。称呼的入乡随俗的问题，是一定要注意的。

第四，要尊重个人习惯。人和人是不一样的，有的时候，人们称呼上的习惯也不一样。譬如说，我从事外事工作，在国际交往中，官方有一个习惯，就是在称呼官员的时候，往往称之为"阁下"，比如，"总理阁下"、"总统阁下"，但是有些国家的习惯则是不称"阁下"的。比如，美国、德国、墨西哥就没有"阁下"之称。懂得外交礼仪的人都知道，在那些地方，你要称呼当地官员的时候，以不使用"阁下"为妙。你有没有听说过"布什总统阁下"吧？没有。我们听到的都是些"布什总统"、"布什先生"，没有"布什总统阁下"这样的称呼。你有没有听说过"施罗德总理阁下"？恐怕也没有吧。

在称呼他人的时候，以上四条规则都很重要。第一，遵守常规。第二，区分场合。第三，入乡随俗。第四，尊重习惯。所有这一切，都是建立于尊重被称呼者的基础上的。

平时，我们所常用的称呼方式都有哪些呢？我们在一般性的交际场合里所使用的通常都是常规性称呼。此类称呼，大体上共有以下五种。

第一，行政职务。它是在较为正式的官方活动中，如政府活动、公司活动、学术活动等正式的活动中所使用的。比如，"李校长"、"王局长"、"何总经理"、"刘董事长"，这些都是我们所称的行政职务，即官衔。

第二，技术职称。比如，"李总工程师"，"王会计师"，等等，就是技术职称。称技术职称，说明被称呼者是该领域内的权威人士，暗示他在这个方面是说得算数的人。

第三，学术头衔。这个跟技术职称还不太一样，它实际上是一个技术含量较高的头衔，比如，你叫我"金教授"。医生和医师就不一样，按学术头衔区分，医生分很多档次的，比如，有"主任医师"、"副主任医师"、"主治医师"，还有其他的。大学里的老师按学术头衔区分有："教授"、"副教授"、"讲师"、"助教"，也分了很多。这类称呼，实际上是表示他们在专业技术方面的造诣如何，是其学术水平和学术水准的问题。

第四，行业称呼。和外人打交道的时候，比如，对面过来一名警察，你要懂得警衔的还好，一看他的警衔，你就知道他是"警督"、"警司"、"警员"，还是"警监"。在我们家就不行了，我老妈说了：他们全是警察，都是自己人，但是他到底是什么级别的看不出来。其实，他是军人也好，警察也好，他都是有军衔、警衔的，海关也有关衔。但是有些人不穿制服、不戴胸卡，你看不出来。比如，医生。你到医院去，那么多的医生、护士，你能分出来彼此吗？都是穿的白大褂呀，可能你连医生和护士都分不清楚呢，但是我能分清楚。在医生里，那个教授级的是什么样，副教授级的什么样，讲师级的什么样，还是有所区别的。有时候，你知道他们是什么级别的话，你就可以此去称呼对方。不知道的话，那就得使用行业称呼了，比如，解放军同志，警察先生，医生，护士小姐，等等。这些都是行业称呼，是我们平常使用的比较多的一种称呼。

第五，泛尊称。泛尊称，实际上就是对社会各界人士，在较为广泛的社交面中，都可以使用的表示尊重的称呼。例如，我现在认识一个人，叫刘婧。我可以叫她小刘，也可以叫她刘婧。这表明我们双方是师生关系、朋友关系。换一个场合，我恐怕就要叫她刘小姐，或者叫对方小姐——这是不知道你的名字，不知道你姓什么的情况下。这就是一种泛尊称。称女孩子的话，就叫小姐。称已婚女人的话，就可以叫夫人，也可以叫太太。称呼男士的话，可以叫先生。不分男女的话，可以叫同志。从某种意义上来讲，除了性别差异之外，它们都可以以不变应万变。我们称为泛尊称。

除了这五种最常规的称呼之外，有的时候还有一些称呼在人际交往中可以采用。比如，可以使用表示亲属关系的爱称。你叫你老爸的时候，你就不能叫他刘某某同志。你老爸叫自己女儿的时候，也不可能叫你刘婧小姐。那样的叫法，就意味着公事公办了。实际上，我们亲属之间有各种各样的爱称，或者是昵称。如果人们彼此关系亲切的话，还可以使用类似亲属关系的称呼，比如，你叫她阿姨，她未必是你亲姨。换一个场合，你可以叫我金叔叔或金伯伯。它实际上表示着我们双方之间一种比较亲密的关系。

在较为正式的场合里，有一些称呼是不能够使用的。具体而言，它们主要涉及下述几种。

第一，无称呼。这个是最令人可恶的。有人往往会没头没脑地撞上来跟你说话："哎，到哪儿去呀？"要么令人不满，要么就会引起误会。我在公共场合正跟别人说话呢，你愣头愣脑地撞上来了。本来你应该称我金老师，叫金教授也行，实在不行叫我老金也可以，但是你就这样愣头愣脑地撞上来，或者什么都不说抓着我就走，那就麻烦了。别人就会产生其他的想法，会影响我革命的形象。这就是无称呼，即根本不使用任何称呼。

第二，替代性称呼。替代性称呼，就是非常规的代替正规性称呼的称呼。我们国内某些服务行业有些不好的称呼，比如，叫人的时候无称呼，不称其尊称，而是叫号。什么六号、八号、十一号，还有的时候叫"下一个"。在一些医院里就是这样，护士爱喊床号。有一次我就被人家叫十一床，护士喊了半天我没有反应，她急了："喊你呢，十一床。"我问："谁啊？"弄了半天我才知道，我临时改名叫十一床了。其实这个是不合适的，我是个人呀。我们推崇尊重为本，以人为本，你至少要使用尊称啊。乱用替代性称呼，的的确确失敬于对方了。

第三，易于引起误会的称呼。因为习俗不同、关系不同、文化背景不同，容易引起误会的称呼平时切勿使用。像我们大陆的人，很传统的一个称呼就是同志，自己人一听到被称为同志很亲切，而在海外的一些地方，甚至包括我国的港澳台地区，它就不适于使用了。"同志"在那里有一种特殊的含义——同性恋。你要不了解这个就麻烦了。你到香港去玩，你要是看到"同志电影院"、"同志酒吧"，你千万别进去，别觉得亲切就闯进去了，否则的话，当你出来的时候，你的身份就让其他人怀疑了。

第四，地方性称呼。地方性称呼，显然有其特定的使用区域。它只有在那个地方才能被使用，出了这个地方就不行了。比如，北京人喜欢叫别人师傅，可师傅的本意是出家的人啊。假如你到了佛寺，佛家寺庙林立的地方，你见到一位男士或者女士，你叫他师傅，那就等于叫人家大和尚、小尼姑。他一定会不高兴的。我再打个不很恰当的比方，像我们很多的同志到医院去跟护士小姐打招呼，他叫人家"小护士"。在他眼里，年轻、可爱的就是"小"，其实"小"是可爱的意思，在中文里面大男人、小女孩，一个是威猛，一个是可爱的。但是在护士小姐的耳里，你叫她"小护士"，她会感到不高兴，感觉你对她好像有着轻蔑、歧视的意思。总之，容易引起误会的地方性的、行业性的称呼，都不能用。

第五，不适当的简称。简称，即全称的简洁式。使用它，有的时候是必要的。但是你所采用的简称要是不适当的话，就麻烦了。比如，中国人民大学是全称，人大则是其简称。政府内部的人，也有称他人官衔时使用简称的习惯，比如，王局长人们喜欢叫王局，李处长则叫李处。那天，一个同志跟我介绍说："这个人是马校"。当时我以为他名字叫马校呢，我叫了他马校半天。后来我还给他写了封信，但那封信被退回来了，最后才知道他是马校长。可见他那个简称不是约定俗成的，它只是被不恰当的省略了。一定要注意：你所采用的简称要是不适当的话，就会让人匪夷所思。

我有一个熟人姓王。那位小伙子人很好，对人很客气，是一名博士，也是一位教授，才刚刚三十岁出头。有时候人家叫他王教授、王博士，他往往说："你们不用叫我王博士，也不用叫我王教授，就叫我小王吧。"可从来没有人那样叫他。有一天，我跟他开玩笑地说：那不是甲鱼吗？

假如使用不当，往往便会说者无心，听者有意，这便是某些简称的尴尬之处。

现在请大家考虑一个问题：如果在一个社交场合里遇到一个以前从不相识的人。你想和他聊天，而又没有别人给你作介绍。这个时候，你应该如何来称呼对方呢？首先，我认为你要考虑男女有别。先生你好，小姐你好，夫人你好，或者女士你好，这样去称呼就可以了。实在不行，你可以只说"您好"。这个"您"，本身也是个尊称，这样就可以避实就虚了，而且这样也是很有礼貌的。

在这里，我想给大家一个忠告：请您一定要注意，称呼是交际之始，称呼是交际之先。慎用称呼，巧用称呼，善用称呼，将使你赢得别人的好感，将有助于你的人际沟通自此开始顺畅地进行，并将为你开辟一条光明的社交之路。

第 3 篇

使用名片

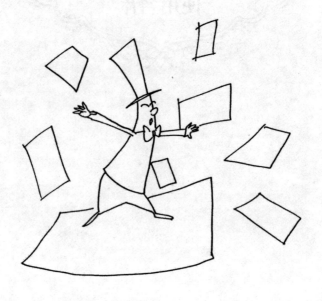

现在，我来和大家谈一谈公务礼仪中非常重要的一个操作性问题——名片的礼仪。我经常喜欢讲一句话：名片是现代人的自我介绍信与社交联谊卡。它最基本的功能，就是自我介绍。我在大庭广众之下跟陌生之人见面，一定不好意思自卖自夸，比如：我是教授，我是研究礼仪的专家，我是什么主任……这些自己都是不好意思说的。但是，一张我的名片递过去，我姓甚名谁、何方神圣、所居何处、现处何位，名片上都写得一清二楚，完全可以令人一目了然。人家要是不相信，在互联网上一查，或者打个电话验证一下就可以了。所以名片就是一封浓缩的自我介绍信。换句话说，它也是社交的联谊卡，它可以起到维持自己与他人联系的作用。

比如，我现在想联系一家酒店，想联系一位懂电器的人给我一些购买电器的参考性建议，想找人合伙做一笔生意，我找谁去？我总是要首先去找一些熟人或者自己交往过的人，这样比较可靠。所以我会先从名片中进行搜索，这样名片就发挥了其不可替代的作用。

有一个专家说过两句话。它虽然有点刻薄，但是我觉得还是非常重要的，因为它把名片的重要性表达出来了。

第一句话是："在现代生活中，没有名片的人往往是没有社会地位的人。"换言之，在日常交往中，尤其是当你的交际圈扩大的时候，名片是不可缺少的交际工具。反过来说，在社交场合中一个人要是拿不出名片来，有时会损害自身形象，说明自己的交际圈比较狭窄。

第二句话则是："在现代生活中，一名不会使用名片的人是没有交际经验的人。"他的第一句话告诫我们要备有名片，第二句话则是提醒我们要会使用名片。我注意到：有相当多的同志只是拥有名片，但不会使用名片。

譬如在比较重要的人际交往中，尤其是在对外交往中，名片的使用必须遵守以下"三个不准"。

第一，名片不能随便进行涂改。名片犹如一个人的脸面，脸要天天洗，但名片却不能乱涂、乱画。不知道你注意过没有，在你所收藏的名片或者朋友所送给你的名片中，经常有人在上面信手涂鸦。比如，那个手机号码，他想将133换成139，顺手就把133给划掉了，然后在上面写个139。做这种事的不乏其人。但是，你如果是跟外商打交道，我建议你宁肯不给他名片，也不要给他这种涂改过的名片，否则必定损害你的革命形

象。这不是节约不节约的问题，而是你的形象意识问题！在国际交往中，或者是在商务交往中，都不能使用涂改过的名片。

第二，名片上不宜提供私宅电话号码。正式的人际交往，尤其是商务交往，往往讲究公私有别。有鉴于此，我们向人家所提供的名片上一般有什么呢？有办公室电话号码、总机号码，但是不提供私宅电话号码，而且通常也不提供手机号码。这是一种个人的自我保护的需要，也是借以表示公私有别。

第三，名片上不印有两个以上的头衔。一般而言，一种名片上的本人头衔最好只是一个，至多不要超过两个。头衔印得过多，未必得体。在社交场合，有的老兄把名片一给你，就会让你发笑。为什么呢？它的上面头衔一大堆，巨多。

有一次，一位老兄给我一枚名片，折叠的。我当时以为是饭局的请柬呢，挺高兴。打开一看，里面竟然印有他老人家的20多个头衔。

我向他建议："你印一个最重要的头衔不就可以了吗？你弄那么一大堆头衔，看上去不仅主次不分，而且还有蒙人之嫌。"

外国人，尤其一些大老板，像比尔·盖茨、默多克、戴尔他们，下面的子公司太多了。那么，他们的名片又应该怎么办呢？事实上，他们身上通常会备有好几种名片。大家能够理解我的意思吗？就是与不同的对象交往时，他们通常会递给别人印有自己不同头衔的名片。他们在社交的时候，只会使用社交名片。在公务往来中，则会酌情使用公务名片。如果你是我的好朋友，没准我给你的名片上仅有我家的电话。假如到中国来，可能给的是中国总公司的名片。假如到德国去，可能给的是德国总公司的名片。反正保证你能找到他，但不会影响他的业务，也不会给他添麻烦。

为什么要强调这个"三不准"呢？实际上我是想提请大家去关注一下名片的有效使用的问题。你好心好意把名片递给人家，人家却说你根本不会使用、不够规范，或者说你跟不上档次。那么既影响了你的人际交往，又破坏了你的个人形象。

名片的制作是有其讲究的。下面，我就跟大家讲一讲名片的制作。

第一，使用的材料。制作名片时，其材料的选择不可不慎重。比如，我们一般的名片使用的都是卡片纸。如果你出于环保的考虑，用再生纸甚至用打印纸也可以。名片本身就是一个载体，只要能够把文字印清楚，不容易丢失、磨损、折叠，清晰可辨，就完全可以了。换言之，不要借题发挥，故弄玄虚，不要刻意使用昂贵的材料。比如，我们一些同志爱搞一点名堂，送你一枚黄金名片、白金名片、白银名片，那可是有变相送礼之嫌，而且这个东西还没有什么实用性。你送我一枚黄金名片我能用吗？另外一些奇异的质材也就算了吧，比如，有的同志用的是木材做的名片，把木头搞成木片。还有真皮的名片、塑料的名片、光纤名片、电子名片。费不费劲呀？它们实际上都是不实用的。一般来讲，我们还是遵循传统的做法比较好，就是使用纸张所制作的名片。

第二，名片的尺寸。名片的尺寸是有讲究的。我们现在所使用的名片是什么规格呢？是 5.5×9 厘米。它不要太大，也不要太小。如果太大，会有什么问题？你看，我们现在所用的名片包、名片夹都是统一规格的，名片如果太大就放不进去。当然太小的话，也有点小里小气。顺便说一下，在国际社会中，有相当数量的人所使用的名片规格比我们的稍微大一点，是 6×10 厘米。

第三，色彩的讲究。一般来讲，名片的色彩总体上要控制在三种之内。其中包括标记、图案、公司、徽记的色彩在内。在一个空间之内，颜色多于三种的——无论是房间也好、着装也好、名片也好，都会给人一种杂乱无章的感觉。

名片上的颜色最好是两种，纸张一种颜色，文字一种颜色，顶多再加上一种徽记的颜色。因为有些徽记有其特定的颜色，比如，麦当劳的徽记是黄、红等两种颜色。那是统一的，不要去改。没有这个限制的话，名片上的颜色也不要太多。

此外，纸张选择什么颜色呢？我们最好选择白色，就是天然质地的那种白色，或者浅灰色、浅蓝色、浅黄色等浅色。以之再印上深色的字，比如黑色，就比较好看。不要故弄玄虚。例如，有一天，一个女同志给了我一枚名片，它把我逗乐了，大红色的。我问她："这是喜帖吗？"这个就不太合适，没有必要那么故弄玄虚。

第四，名片的印制。一般情况下，名片最好是铅印的、打印的。换言之，不要手写。有一回，我给了一位同志一张名片。他可能没带名片还是其他的什么原因，赶快跑回屋里，把床下的鞋盒拉出来，从马粪纸做的盒盖上撕下一块，然后拿圆珠笔写了一枚简易名片给我，其实他大可不必如此这般。你要有打印好的，就给我打印好的。如果没有，你也不要手写。我还见过一位更厉害的同志，当时他把他的名片递给我了，那上面头衔、职务都有，可就是没名字。我正想问："这怎么没名字啊？"谁知道人家是想露一手，他顺手拔出钢笔给我当场在名片上签名，这也没必要。

第五，名片的内容。我给大家一个建议：没有特殊原因，名片上不要印自己的照片。你觉得自己是天下第一靓女、第一大帅哥，但是在外人眼里则未必，人家要你名片要的就是怎么能联系到你。简单地说，就是要你的手机号码、座机号码、电子邮箱号码以及你的单位地址，不一定是要你那靓女、帅哥的相片。

更重要的一点，是没有必要在名片上弄一些什么格言警句之类的话。有一天，一位同志给我一枚名片，一看我就乐了，那枚名片前面是张三、李四的名字，后面印的是什么呢？是"走你的路，让别人去说吧！"一看他就是一个不合群的人。还有的同志印了四个字："难得糊涂"，你糊涂我不想糊涂啊，咱俩合作你凭什么让我糊涂啊，其实这种过分招摇的人，往往给人一种没深度的感觉，让人觉得他比较浅薄。

接下来，来和大家谈一谈现代名片的分类。就名片所提供的基本信息来对其加以区分，它主要可以分为社交名片、公务名片等。

第一，社交名片。这种名片是私人社交时所使用的，我们一般叫它社交名片。它上面所提供的主要内容是姓名，这是其最主要的一项。有的同志讲，那不等于没给别人什么信息吗？其实给你这样的名片，就是只想告诉你我叫什么名字，顶多把住宅电话印一印。我接触到的外国人的名片，包括海外华人的名片，它的上面除了姓名之外，往往再没有别的。如果是华人的，顶多就再加上自己的籍贯。比如，我的老家是浙江，名片上就可以印浙江杭州金正昆，或金华金正昆。明白我的意思吗？如此而已。那么它在什么场合用呢？它在社交场合面对泛泛之交者时使用。本来不想给你名片，但你问我要，我又不得不给你，所以就给你这种名片了。但是这种名片给你的意思，就是我不想跟你有更深层次的交往。大家明白我的意思吗？因为来而不往非礼也，你给我，我不给你是不合适的。人家如果要给你这种社交名片，你心里要有数，你在对方的心里是一种什么样的位置？人家不想跟你进一步套近乎，你就到此为止吧。有的同志不自觉，一看名片上没有联系方式就问："老王，你的名片印的这么好，怎么上面没电话号码啊？现在装一部电话这么便宜，你为什么不装啊？装一部电话难吗？我帮你行吗？"其实，他根本不知道：那是人家不想再与他进行深交。

总之，社交名片是面对泛泛之交的人使用的。对于女孩子来说，你们没必要在街上喊："我家电话是7654321，有事给我打电话！"一般你不认识的男人问你要名片时，你最好别给他。没准你给他的电话，永远也打不通。社交名片它就是这样的内容，就是名字加籍贯，顶多还有一个住宅电话，一般住宅电话都未必给你。

第二，公务名片。公务交往的名片上，内容就比较多了。它的内容我们把它叫做"三个三"，也就是三大项，每项又各有三个小点。这些是制作公务名片时必不可少的。

其一，归属。它就是你所在的单位。它一般包括哪三个要点呢？一是单位全称。即你们单位的全名。二是所在的部门。比如，销售部、广告部、公关部、财务部等等。三是企业标志。就是你所在企业的那个徽记，像麦当劳的那个大 M。这就是归属。此项内容，通常应印在名片的左上角。

其二，称谓。所谓称谓，就是怎么称呼你，即你想让人家怎么叫你。我总不能亲自说，你叫我金教授吧！但是我给你的名片上印的是金教授，那你就得叫我金教授，我给你名片就是想让你按照上面所提供的称呼去称呼我。称谓的具体要点有三：一是姓名；二是职务，在此主要指行政职务；三是技术职称。像博士、律师、教授、法官、主任、处长、局长等。此项为一枚名片中最重要的内容，应被印在名片正中央的位置上。

现在有两个问题：第一个问题，是有些人名片上没有称谓怎么办？我曾见过一个老先生，他就是鼎鼎大名的钱钟书先生，钱钟书先生给我的名片上就只有三个字：钱钟书。李雪健的名片我也有，他的名片上写着："你的朋友李雪健"。其实，他们是谁大家都知道，他们根本不需要头衔了，谁不知道他们是谁呢？此外，还有一种人，就是刚参加工作的人，他们还没有正式的头衔。比如，正在试用期，没技术职称，更没行政职务。你要明白，如果人家给你的名片上没头衔的话，那么你就别去追问人家现居何职，这是一个常识。

第二个问题，就是有的同志头衔印的不规范。我曾经收到过一个同志的名片，一看我就笑了。那是一个女孩子的名片，上面印着："马丽丽小姐"。我说："我一看见你就知道你是小姐，我肯定不会叫你大姐。"就像我这个男人，没有必要印"金正昆男士"一样。名片又不是户口，你加这个称谓就多此一举了，头衔如果很多的话，印一两个就行了，别太多、别乱写。

其三，联络方式。名片上的联络方式，一般印三个要点。哪三个点？一是详细地址。比如，我在中国人民大学，地址是北京市海淀区中关村大街 59 号。我为什么要印它？道理很简单，外地人可以很容易地据此找到我，特快专递也能据此很容易地在第一时间到达。你就写个人民大学其实也能收到，但我敢保证它会到得很慢。你写得越清楚，就越容易让人家与你联络，你给人家名片不就是要和人家联络的吗？二是邮政编码。在名片上印邮政编码的好处，是别人方便给你写信。是吧？大家知道，写信、汇款没有邮政编码是到不了的。当然人家要省事也行，给你写个 100000，反正到北京也能找到，就是慢了点，所以邮政编码一定要写清楚。三是办公室电话号码。本项内容，通常印在名片的右下角。此外，公务名片上有的时候还可以印上电子邮箱、网址等等，但是一般提供前三项。

如果进行国际交流时，需要使用外文的话怎么办？一般情况下，中文和外文要各印一面，不要在同一面上印。纯粹是国内业务的话，可以把姓名称谓之类印在一面，另一面则可以印自己单位的业务范围。比如，我所在的单位是一个新建的开发区，我就可以在名片上印乘飞机、火车、轮船怎么到达我处，或印上一幅简单的位置图，这也是一种联络方式，而且还是一个比较方便他人的办法。

下面，我想跟大家谈的问题是如何索取别人的名片。现在我想请教各位：倘若你打算向金教授索要一张名片，你准备怎么去做？

索取名片的问题，我们经常都会遇到。说句实话，在一般的社交场合中，你最好是以静制动，最好别向人家索要名片。因为名片的交换有一条不成文的规则：地位低的人，要首先把名片递给地位高的人。你去要别人的名片之前，有的时候就要首先考虑一下相互间的位置问题。人和人打交道关键就是一个位置问题。你要把位置摆正了，麻烦事可能就会减少。比如：

曾有一位朋友问我："金教授，我发现你们两口子关系比较好。是这样吧？"

我说："那是，老金不是吹牛的，我们两口子从来不吵架。"

他又问："那你是怎么解决家庭纠纷的？"

我说："我处理家庭内部事务有一项基本原则，就是与老婆之间的相互位置摆得比较正，在我家里老婆永远是正确的。说好听点就是我爱老婆，说难听点就是我怕老婆。"

因为在我家老婆永远是正确的，所以我家里基本上就没有什么是非问题。这是因为我摆正了自己的位置！索取名片，其实也有一个具体位置问题，有的同志却不善此道。

那天，有一位同志向我索要名片。他问我："金教授，你有片子吗？"

我说："你的意思是，我老金不配使用名片，是吧？"

可见他在表达上是有问题的。

我认为，在社交场合里，你最好不要去索取别人的名片，最好是等人家给你。可是有的时候你搞营销、搞公关，或者你是一名大学生，你到一家公司去参加业务介绍会，你想在那里向该公司的一位领导要一枚他的名片，你要是放弃了这个机会，这辈子可能就再也见不到那位领导了。在那种情况下，你可以向人家索取名片，但你需要事先了解索取名片的技巧。

索要名片时，有下面几种比较有效的办法可以采用。我以下对它们略作介绍。

第一，交易法。其主要做法，就是把自己的名片首先递给对方。其实，这是最省事的索取别人名片的方法。古人讲：将欲取之，必先予之！你想要金教授的名片，那么最省事的办法就是首先把自己的名片递给金教授，并且说："金教授，非常高兴认识你，这是我的名片，请金教授多多指教。"你的名片给了我，老金怎么也得回敬一枚我的名片给你，因为来而不往非礼也！我绝对不会告诉你："收到。"那样做是不合人之常情的。

第二，**明示法**。它的具体做法，就是明确表示索要或交换名片之意。如果你跟对方比较熟，以前就跟他认识，好长时间没见了，你担心他换了地方、换了职务，你想要他的名片的话，你可以明说："老王，好长时间没见了。我们交换一下名片吧？"这种办法适用于比较熟的人之间，交易法则适用于不熟的人之间。

第三，**谦恭法**。你跟长辈、名人、有地位的人打交道的时候，可采用此种方法去索取对方的名片。比如，你对金教授说："金教授，刚才你讲授的商务礼仪对我很有启发。我自己也是做商务工作的，从你的演讲中我学到了很多知识。听说你过一会儿还有别的活动，那我就不打搅你了，希望以后还有机会向你请教。"注意这些话都是伏笔，是过门，下面这句话才是其本质："金教授，不知道以后我能不能有机会继续向你请教？"或者是说："金教授，以后怎么才能比较方便地向你请教？"其言下之意，就是要老金掏名片。此话说得比较委婉，我给你就给你，我不给你也说得过去。不像那种人："你有片子吗？""没有！""给张名片吧？""不给。"彼此双方都过分直截了当了。晚辈、年轻人在向长辈和对有地位的同志索取名片时，使用谦恭法是比较省事的。

第四，联络法。当然，说话都有一个对象问题，金教授我今年48岁，当我面对一个还不到20岁的小女孩时，她也许还是一名大学生，我能说以后如何向她请教吗？那她什么感觉？我显得虚伪了不是？长辈对晚辈、上级对下级或者平级、平辈的人之间，怎么索取名片呢？此时应该采用联络法。比如，你姓刘，我说："小刘，非常高兴认识你，希望以后跟你保持联系。以后怎么和你联系比较方便？""以后怎么和你联系比较方便"这句话，等于告诉那位刘小姐，我想要她的电话、网址等联络方式，她要愿意给我，就给我。要是不想给我，她也有退路。她可以这样讲："金教授，你这么忙，以后还是我跟你联系吧。"其深刻含义，就是她不想跟我联系。但是不明说不给我名片，它实际上是一种进退有方的得体方法。

所谓有来有往，来来往往。有人索取名片，就会有人把自己的名片递给别人。把名片递给别人的时候，有以下几个细节需要注意：

如果只是面对一个人的话，你把名片直接递给他就没有什么事了。可是在社交场合你就要注意了，你遇到的可能不仅仅是一个人，所以你就要注意遵守相关的名片礼仪。

其一，要足量携带。什么意思呢？比如，我今天参加一个酒会。这个酒会据我所知会有120个人参加，而且这120个人都是重量级的人物。我是搞营销的，我想跟他们建立联系，那我所带的名片就得多于120张，至少要备有150-200张吧。

其二，要放置到位。它的具体含义，是要求把名片放在合适的地方。一名训练有素的人的名片，一定要放在标准的位置。你出门前还要检查一下，是否忘记随身携带。就跟查看带没带钱是一个道理，因为它是我们平时不可或缺的通行证、联络卡。在一般情况下，名片应该放在专用的名片包里。男同志穿西装的话，还可以放在上衣口袋里。女孩子则最好是放在手袋里面。要是胡放乱搁，放在口袋里甚至裤兜里，到时候皱皱巴巴地把它取出来，不仅自己不舒服，而且也让对方看着不舒服。建议各位：不要把名片放在钱包里。虽然放在钱包里更容易携带，但是现钞比较脏，把名片跟现钞混放在一起，别人会感觉你不是正规军。同样的道理，在我们的办公桌上或者抽屉里面，应该也备有足量的名片。一旦用时，即可手到擒来，省得到处瞎翻。

其三，要循序渐进。在现场把自己的名片递给别人时，往往是地位低者应该先递。同时把名片递给多人时，则要循序渐进。比如，男士先递给女士，晚辈先递给长辈，下级先递给上级，主人先递给客人，这是基本的游戏规则。如果你递名片的现场不止一个人，怎么办？比如，我面对七八个人时怎么办？一般情况下，可按照以下几条规则去操作：一是按照职务高低前进。比如，这边有四个人：王总经理、李副总经理、部门经理张先生、秘书何小姐，你就可以按照其职务的高低前进。二是循序渐进。或许你会遇到一个问题，你不知道自己面对的人是什么职务，那怎么办呢？那时则可采用非正规的做法。即循序渐进、由近而远。谁离我近，我先给谁名片，我不会去搞跳跃式。现在有八个人，我手里只有三张名片，我先给谁啊？谁离我最近我给谁。如果八个人里面有三个女孩，我全给这

72

三个女孩，不给其他五个男同志，你们什么感觉？这家伙居心叵测，重女轻男嘛！我按照顺序给，我给谁都行，公平啊。三是顺时针方向行进。要是一张圆桌，人们四周围成一圈，则可按照顺时针方向去递送名片。我曾经说过，从位次排列上来讲，这是一个比较吉利的方向。一般情况下，不要逆时针走，因为逆时针走一般都被视为不吉利的方向。

其四，面向对方。接下来，我们还需要强调这样一个细节，即把名片递给别人的时候，一般的做法就是要把印有最重要的文字那个部分面对着别人。比如，你对面是中国人，你就要把中文对着人家，并且还应该把自己的名字正对着别人，别倒着给对方。有时，我们自己把名片上的文字看得清楚了，递过去之后别人看起来却是倒的，那肯定是不对的。我要把名片的正前方对着你，具体有两个

方法：方法之一，就是双手拿着它的两个上角。方法之二，就是右手拿着它的上角。但一般不要用左手递给别人，尤其是对外交往的时候。我们曾经讲过，左手递东西给别人，在很多国家是不能被接受的。把名片递给别人时，应该用双手，或者用右手。一般不用左手，除非你没有右手。

其五，稍事寒暄。你把名片递给别人的时候，嘴上一般还需要说上两句话。那时，你可以告诉别人多指教、多联系。但不能像发传单似的，上去就塞。当你过天桥的时候，人家给你塞的那种什么打折卡、小广告，你会有兴趣吗？你肯定看都不看就放到一边去了，所以你给别人名片的时候，要说两句话，要有所表示。

接受别人名片的时候，你认为最需要注意的细节是什么呢？如果我们接受别人名片的话，通常需要注意以下几点：

第一，要起身迎接。除非你站不起来，否则不管是在吃饭、看电视、跟别人交谈，还是打电话，你都要把手里的事放下，站起来去接名片。名片上印的是对方的名字，你对对方的名片重不重视，实际上就是对名片的主人是不是重视。在正常情况下，一定要起身去迎接别人的名片。

第二，要表示谢意。收到他人名片后，口头上要向对方马上道谢。比如，人家说多指教，你就应该立刻说不客气或者说彼此彼此。当人家把名片递给你时说："多指教。"你跟人家来一句："行。"那样就显得有点嚣张放肆。寒暄也需要互动，客气的回应对方一下是比较好的。

第三，要回敬对方。来而不往，非礼也！人家把名片给你，是看得起你。所以当你拿到对方的名片之后，一定要把自己的名片及时地回赠对方。有时会出现以下两种特殊情况：其一，没带名片。没带的话，你可以跟对方声明一下，下次给他补，或者叫秘书给他送去，或者寄给他，无论如何，都要给对方一个交代。其二，没有名片。有些学生刚参加工作，做内勤工作，也许就没有名片。在商务交往中，代表公司执行公务的话，你最好拥有自己的名片。在那种场合，没有名片的人，往往会被视为没有社会地位的人或没有社交机会的人。

第四，要记住去看。为什么接过名片一定要看？看它有两个作用，其一，表示对交往对象的重视。人家好心好意把名片给你了，你不看合适吗？其二，了解对方的确切身份。前面我曾讲过，面对外人，我是什么头衔、什么职务，我是什么水准，自己不好意思说啊，但是我的名片上把我的头衔、职务都印了上去。我身上可能有好几种名片，我到什么山上唱什么歌。比如，我到大学里去，我给你的名片上印的我是金教授，说明我的学术地位，那你就得捧场，你得看。

有的同志就不看别人的名片。有一次，我给会议主持人一枚名片——人民大学金教授。那老兄就这样介绍了："很高兴地向你们介绍清华大学的高教授。"把我给招到清华去了。清华倒不错，但你为什么让我改姓啊？这不太合适吧。你把人家的单位、职务、姓名给搞错了，严格地讲就是失敬于对方，因为你没有重视他。因此，接过名片一定要看。

我要强调的是，在许多公司、企业的礼仪培训中，人家对我刚才讲的这个细节是非常重视的。像上海、香港一些大的公司进行员工培训的时候，一般要求拿到别人的名片后不仅要看，而且要像我这样，看上将近一分钟左右。你知道为什么吗？看上一分钟，就会把对方的名字、头衔反复地看三到五遍。那样就容易记住了，就不会出现什么清华或者北大的高教授那样的情形了，而且还可以借此表示对人家的重视。像马来西亚、新加坡那边的一些公司对员工的要求更高，它们通常规定:员工看别人名片的时候，要嘴里做默读状，以便让对方知道自己是在认真地看，就是要善于表达这种与人沟通的细微环节。一些韩国、日本的公司对员工的要求最高，它们要求员工若发现对方如果拥有重要的头衔时，一定要把它念出来:"哦，董事长，您还是位博士啊，这个我还真不知道。说实话，您是董事长我早就知道，因为您的公司大名鼎鼎。但是不知道您还是位博士啊，怪不得您的公司办得这么好，您真是文武双全啊！"你想想:那位董事长一听这话会是什么感觉？爽，名片没有白印。但是有些同志就会让你不爽。你递给他了，你说:"主任，我的名片。"他拿过来随手折折验验，好像是在检查那是不是真钞。我还经常见到有这样的人，拿起别人的名片在桌子上敲三下，敲着玩儿，你怎么能敲它？更有甚者，折叠蹂躏，将别人的名片把玩再三。说实话你不能去把玩它。上面印的是我的名字，你玩它就是不尊重我。

第五，要存放到位。我们在接受名片时，还要注意的一个点，就是要把对方的名片收藏到位，不能乱放。

其一，要关注现场收藏。我建议你，把对方的名片拿过来之后，马上放在自己的名片包里，或者放在上衣口袋里，或者放在办公室的抽屉里，要给别人一个非常妥帖、非常被重视的感觉。我最忌讳当场交换名片之后自己的名片被放在桌上。经常有这样的人，会客或者吃饭后把你的名片扔到桌子上扭头走了，你给他的名片就没拿走，那会给人非常不好的感觉。

其二，要关注其后的整理。你收到人家的名片之后，就要及时地整理。通常可按照姓氏、笔画、单位、门类输入电脑，或放到名片册里。我这里要特别强调：对方给你的名片，无论如何不要随便扔掉。特别是不要放在办公桌上，或者随便转送给别人。对方出于对你的重视才把名片给你，对方的名片上有联络方式和各种专用号码，你把它随便给了外人，则是非常不礼貌的。我出于信任把自己私人的联络方式交给你，你未经允许就转给了别人，那无疑是对我非常不尊重的表示。

最后，我还要强调：在现代社会中，尤其是在国际交流中，名片还有一些特殊的附加的功能。

其一，替代信件。在国际社会中，有一些人的事情很多。让他天天写信、发电子邮件自然不堪重负，所以有的时候他会把名片放在信封里面，加上一个特殊的标志就可以当一封信寄出去。

比如，我推荐我的一个研究生到你的公司去面试，我自己可能不去，我可能打电话和你说好了。这个研究生去面试的时候，还可以递一封信给那个主管的考官。它的里面就是两张名片，第一张是我的研究生的名片，他现在在什么单位。第二张就是我的名片——介绍人的名片，用曲别针把我们俩的名片夹在一块儿就行了，我上他下。在介绍人的名片上加上一个特殊的标志，懂行的人一看就明白，这是替代信件。

其二，**替代留言**。比如说，我去拜访你了，可是你不在，怎么办？有的人可能写个条子，有的人会让别人带个话。但这些做法搞不好就南辕北辙了。此时，你留一枚自己的名片就没事了，它可以具有留言的作用。

其三，**替代礼单**。名片有的时候还具有礼单的作用。比如，你给张三、李四送个礼物，男孩子给女孩子送束花，把自己名片放在礼品里面，或者放在信封里面，或者放在礼品包装里面，和礼品一起给对方，它就起到了替代礼单的作用。对方一看就知道这件礼物是谁送的。

总而言之，在现代生活中，名片的使用无处不在。所谓"礼多人不怪"，有鉴于此，我们必须认真而正确地使用名片。

第 4 篇

交谈之道

交谈，乃人与人之间进行沟通的最为常规的方式。人际交往的最重要的一个方式，就是交谈。交谈，亦称谈话。谈话这个问题，在日常生活中是非常重要的。你若不注意谈话的问题，有的时候说了还不如不说，话越多越伤人。我曾经碰到过这样一个场合，朋友们去吃饭，本来都很高兴的，你带你的朋友，我带我的朋友，吃着吃着有人就开始聊了起来。

一个同志问我："金教授哪里人？"

我说："我是上海人。"

"你们上海人全是抠门，而且怕老婆呀。"

"嘿，你怎么知道我怕老婆。"我说，"我老婆怕我。"

一会儿，另外一个同志说话了："你们谁知道大白菜现在多少钱一斤？"——那天很冷，我们吃的是火锅——没人吭声。人家又盯上我了，因为我坐在他对面，他问我："你知道大白菜多少钱一斤？"——我这个南方人不大爱吃大白菜，但是他问我也不好不回答。我说："好像晚报上登过，三毛钱一斤吧。""谁说三毛，明明是两毛八嘛。"差两分钱，他非要跟我过不去。这时，旁边一位老兄出来打岔说："北京今年天气反常，太热。冬天不像冬天，怎么这么热？"刚才那个人又说了："北京热，哈尔滨也热，广州更热。"

说实话，上面所说的这种人到哪儿都只起一种作用——给别人添堵！你要碰上了这位之后还真有可能让你不爽。所谓"良言一句三冬暖，恶语伤人六月寒"。谈话的问题，真的不可不慎。

谈话是要表达自己的思想情感，同时也是要和对方交流信息。谈话所拥有的以下三个功能，人人不可不知。

首先，交流信息。交流信息，这是最基本的谈话的功能。小孩儿饿了，会跟妈妈要饭吃。自己吃饱了，会说不吃了。这就是借助于谈话与人交流信息。

其次，表达情感。你对别人友好还是不友好，有的时候表情是一种表达方式，语言则是另外一种表达方式。语言和表情在一起可以互补，二者均可起到表达个人情感的作用。

最后，进行互动。有的时候，你所说的一句话的本意，和别人对它的理解，可能会不大一样。要使交谈行之有效，就要力求交谈双方的互动。打个比方，男女有别，男人有男人的长处，女人有女人的长处，有时候你要不了解它就比较麻烦。比起来，女人的长处是什么呢？女人的形象思维能力比较强，她能说会道，观察细腻，感情丰富，善于幻想，比较小资。

女人的语言能力甚强，此点男人往往是比不了的。曾经有个男同志开玩笑说，对老婆最好的惩罚方式就是不跟她说话，言下之意就是憋死她。我经常和年轻男同志说：再忙再累，回家也要和老婆多说几句话。道理很简单，女人都爱说话。你不和她说话，别人就跟她说话，你不就亏了。不能给"敌人"机会！这是原则问题。一定要知己知彼。我知道女同志语言能力强，所以我从来不和老婆吵架，因为吵不过她。我心里知道是怎么回事就行了。做不了的事我决不做。

有一天，一位老兄挑衅地问我："你老婆找你吵架，怎么办？"我说她其实也经常找我吵，每个月总要吵上几次。每当她向我进攻的时候，我总是以静制动，笑眯眯地看着她，先累死她再说，因为我知道吵不过她。

就交谈而言，内容和形式这二者哪一个更为重要呢？交谈礼仪其实就主要涉及这两个问题，第一个问题，是如何说？第二个问题，则是说什么？二者相辅相成，在交谈中所发挥的作用往往难分伯仲。

首先，我们来介绍有关"如何说"的礼仪。这是一个非常重要

的问题。所谓言为心声，语言是用来沟通的，是用来交流感情的，是要传递信息的。但是，怎样表达则是一个十分重要的操作性问题。没有形式，往往就没有内容。形式用以表现内容，内容则通常体现于形式。

"如何说"，即运用语言表达一定的信息、情感或思想，是人们在日常工作与生活中所难以回避的问题。其实有的话你是不大愿意说的，但是你必须说。举个例子，有六名学生报考我的研究生。人家信任我、看得起我，才来报考的，我应该感谢他们的支持。大家都不考我的研究生了，我就没饭吃了。但是，我每年只能取两三名，必须优中选优。在我按考试成绩与有关规定斟酌之后，恐怕有人就要被淘汰。那我怎么通知他呢？其实我很不愿意和他讲这种不好的消息。他被录取了很高兴，他被淘汰了则会很不高兴。但那时我必须通知人家。所以有些内容你是必须表达的，这个时候就必须关注其具体形式问题。

比如，当我向别人提出忠告时，我往往喜欢这样说："您一定知道"，"正如您知道的一样"。我很少问他"知道吗"，"听说过吗"。我说"您一定知道"，意在照顾对方的自尊心。人人都希望自己知道。反之，你说"知道吗"，"听说过吗"，他就不开心。

有的时候，在向别人提一些比较宽泛的建议和意见时，我喜欢用我自己或我的家人来打比方。比如，我们家那口子，我以前怎么怎么样，我们家孩子或者老人怎么样。因为人们容易对号入座。你一说什么什么，他可能认为你说他呢。这种事儿，你不注意就不行了。

一般来讲，说话的时候，有一些最重要的技巧性问题是需要注意的。

第一，要懂得礼让对方。当别人说话的时候，你不要争、不要抢。晚辈要让长辈先说；下级要让上级先说；男士要让女士先说。让对方先说话，有时候并不吃亏，而且也是一种礼貌的做法。

第二，要懂得少说多听。在一般情况下，智者善听，愚者多说。别忘记古训：言多语失。比如，在三口之家里，面对太太、孩子，你身为老公或父亲要真正树立自己的权威，就要少说话。一旦说了，则要说一不二。不然的话，你一件事情啰唆起来没有一个完，可能就没有人再听你的了。

在现实生活里，一个人的年龄、地位往往与他说话的数量是成反比的。

第三，要善于同别人合作。要注意：在交谈之中，不要搞一言堂。当你遇到那种话不投机的场合，切勿一如既往。有的人好像是记者招待会上的新闻发言人，管你爱听不听，我就一如既往地这么说。与别人交谈时，当别人对某一话题不感兴趣了，就不要再说了。如果你面对一群文化素养不高的人，你去跟他侃侃而谈信息技术，谈电子战、谈 3G，他们虽然也有了解这方面知识的权利，但是他们并不一定感兴趣。你和一个大学生谈就业、谈恋爱观、谈日常工作的经验、谈对生活尺度的把握，他才会感兴趣。如果你要谈的那些东西谈话对象没有任何兴趣，所谓"话不投机半句多"，就不容易互动，对方就不大可能积极与你在交谈之中进行合作。

在与人交谈的时候，一定要注意双方之间的位置。谈话人之间的位置摆不准了，也是很麻烦的。专业的讲法把它叫做角色定位。它有两个意思：其一，我干什么，我像什么。其二，我要因人而异地去选择谈话的内容和形式。即俗话所说：见什么人说什么话，到什么山唱什么歌。

当我们跟别人交谈的时候，一定要摆正自己和对方的位置。在此方面，主要有下述五点需要注意。我们把它称为"交谈五忌"，或"交谈五不准"。在形式上，这五条界限是不能越过的。

其一，不打断对方。不打断别人，俗称不插嘴。当别人发言的时候，他有说话的权利。你既然尊重别人，就要让别人把自己的话说完。真正有教养的人，是不会打断别人说话的。万一别人和你同时说话怎么办？那就要退一退、让一让，注意礼让。要让对方先说话，互谅互让是一条基本的礼仪。只有长辈对晚辈，上级对下级，才可以打断对方的话。

其二，不补充对方。只要不涉及原则问题，就不要补充对方。人们看待问题的角度不一样，地位不一样，知识构成不一样，兴趣所在也不一样，所以其关注的问题往往也就不一样。比如，一场球赛，你喜欢的可能是甲方，我却喜欢乙方；或者我们都喜欢甲方，你喜欢 6 号队员，而我却喜欢 9 号队员。所以人家爱说什么，就可以说什么。我们尊重别人，就是要尊重对方的选择，就不要去补充他。可是有些人就喜欢补充别人。补充对方的结果，无非是逞强好胜，显得自己比人家懂得多，其实大可不必。

比如，你说现在流行钓虾，他说现在流行钓鱼。你说现在北京流行钓虾，他说广州也流行钓虾。你说现在上海流行钓虾，他说那是广州人发明的。你说广州流行钓虾，他说是从台湾传过来的。无论如何，他总显得要比你懂得多一点，知道得多一些。其实，一个真正懂得交往艺术的人，是会给对方创造表现机会的人，而不是努力表现自我的人。简单地说，就是没有必要自己处处都要去争强好胜。这一点是非常重要的，这是对别人的一种尊重。

其三，不纠正对方。与别人交谈时，不要随便对对方的是非进行判断。有些人喜欢是非分明，这个应该没错。但是我们所讲的是非分明，应该是大是大非。诸如党纪国法、国格人格、四项原则、财务制度、人生观、世界观等等，这些大的问题，就要是非分明。但是，有些小是小非，比如，这个地方的白菜卖三毛，那个地方的白菜卖两毛八，实际上难言是非。那时，往往就没有必要讲谁是谁非，所谓"水至清则无鱼，人至察则无徒"。非要讨论清楚你为什么卖三毛，他为什么卖两毛八有意思吗？！你要是这种事儿上无休止地纠缠下去，会浪费多少宝贵时间啊！其实大可不必，因为人站的角度不一样，想的事情不一样，很多事儿你谈不上孰是孰非。有的事情，站在这个角度来看肯定是对的，再换一个角度来看它可能又错了。

比如，你要用动作来表示理解和支持，你会怎么样做？一般都会是点头，或者是鼓掌。但有的国家和地区，则是点头不算摇头算。像保加利亚、马其顿、希腊、斯里兰卡，那些地方都是如此。

有位朋友到保加利亚旅游时，就出了一次洋相。他不懂保加利亚文，到保加利亚首都索非亚去了。他当时想到黑海边上去逛一逛，黑海非常漂亮，很有异国情调，他买了火车票就去了。索非亚站台上就两列火车。他上了头一列火车之后，把票递给大胡子乘务员，问人家：坐这列火车对吗？人家摇了摇头表示对呀。朋友一看人家摇头便理解为，那是不对呀。他连忙就下了车，赶快往另一列车跑去。上了车后，他又问是不是这列火车，人家点头表示不对。但是朋友不知道人家点头的确切含义，就坐在这列火车上了。结果南辕北辙，这列火车跨过巴尔喀千山，到罗马尼亚去了。

这一案例表明：是非有的时候是相对的。因此，不要轻易对别人说 Yes 或 No。一个真正有涵养的人，一定要宽容，不要随随便便判断人家的是非。

其四，不质疑对方。它的含义，就是不对人家所说的话表示怀疑，俗称不抬杠。有的人就好这口，他做人的最大乐趣就是要显得胜你一筹，他存在的唯一乐趣就是让你不爽。你说这个东西比较贵，他就说不贵。你说这个东西好吃，他就说不好吃，还有更好吃的。其实抬杠这个问题，你得看对象。不能说谁跟谁抬杠都不对，夫妻之间、家人之间抬杠，我觉得挺好，年过半百的夫妻了有时还是要抬抬杠。老两口抬杠，可以排遣那寂寞的时光。它也是老两口互相逗趣的一种方法，它是热身运动啊。但是，你没有权利动辄去跟别人抬杠。你愿意，人家还不愿意呢。和别人抬杠，怀疑对方言语的准确性、可信性，人家肯定会不高兴。你要是不注意这一点，就会自找烦恼。

其五，不挖苦对方。所谓挖苦，指的是在交谈中使用尖酸刻薄的话，去讥笑嘲弄别人。在任何情况下，交谈之中用语刻薄，或跟他人开过了头的玩笑，均为失礼之举。

一般来讲，在交谈之中，交谈双方均应有意识地进行合作。关于交谈之中双方合作的问题有以下几个要点，我们应予注意：

第一，表情要合作。一个人的表情，在谈话中必定会被对方所注意到，有时它恐怕比交谈的内容更被看重。一位专家说过，如果我们说话，比如，你说"金老师你讲课很棒"，这句话我是信你还是不信你呢？你语言上的可信程度，大概占到1/4的比例，而你的表情和动作加在一块儿就达到3/4了。比如，你跟我这样说："金老师你讲的太好了"，说完你却打了个哈欠，我都把你讲睡着了还好

什么呀？我要真正讲得好，那是能够振聋发聩的。交谈之中，交谈者的表情很重要。表情不合作的话，就很容易令人产生误会。比如，我跟你说话时，我是要看着你的眼睛的。我好心好意看你的眼睛了，你不看我，就有点不太合适了。

第二，**动作要合作**。在谈话过程中，交谈者的举止动作往往在所难免。你看到我来了，你可以用眼神示意。你想表示金老师你讲得太好了，则可以点头示意。当然，你点头得把握其频率。你不能狂点，狂点你就是磕头虫了，那或许说明你瞌睡了，要么就是很虚伪的表现。凡事过犹不及，这个分寸问题要注意。但是有这样一个表示专注的动作，做了比没做要好。只是要注意，不要让自己的动作令人产生歧义。比如，你和我说话，你的两只手一直在那摩拳擦掌，像是要跟我决斗，那就不太合适了。

第三，**话题要合作**。话题的合作，此处是指谈话的内容要合作。一个真正有教养的人，在选择交谈的具体话题时，应当以对方为重。孩子有孩子们的话题。中学生最讨厌被人问到考试。所以和孩子交谈时，你应该谈点孩子感兴趣的问题。在不误导孩子、不有碍精神文明建设的前提下，你要多谈点孩子所感兴趣的事情。和老人交谈时，则要谈他们所感兴趣的问题。跟老太太、老先生谈话的时候，不一定非要说太多的时尚话题，因为对方所感兴趣的往往就是话话家常。

有经验的人都明白：谈恋爱时，小伙子在赢得女孩的芳心之后，下一个主攻的目标就是丈母娘。因为城市里一般都是女主人说了算。

你能让丈母娘高兴，老丈人肯定高兴。两位老人一高兴，你的女朋友全家都会高兴，女朋友更会高兴，于是皆大欢喜。有人问我说，怎么样才能让丈母娘高兴？我说：主要是要陪她聊聊，老太太爱聊天呀。我们刚才说过女人语言表达能力强，不聊天她还不舒服呢。有一天，小伙子非常纯洁地问我：和丈母娘聊什么呢？我说关键是聊，而不在于具体内容。老年人最爱聊，你可以随意聊。当然，你要说投其所好的话，比如，老年人应受尊重的问题、家庭团结和谐的问题，等等。你要从正面讲，比如，阿姨你保养的真好。你不能说：阿姨，看您怎么不像阿姨，像奶奶！您哪像五十岁的人呀，怎么看您都像八十了。说这样的话，明天人家就赶你出门。你得谈人家爱听的，比如，阿姨您烧得菜真好吃，这个菜怎么做的呀？老人家一听就会高兴。

从高水准的角度来讲，前面所提到的表情合作、动作合作、话题合作，实际上是讲的交流合作。按照更高水准的要求，要提高自己的交谈能力，更好地进行沟通和传递信息，则通常需要注意下面几个要点。

第一，神态自若。在同别人说话时，应表现得泰然自若。一方面，你说话的时候要注意声调的变化、速度的变化，要抑扬顿挫。但是一定要明白，交谈的对象毕竟不是广大听众，不是在台上演讲，千万不要用话剧表演或像演讲、朗诵的做派去对待你的谈话对象。像我在课堂上的这种高谈阔论，回家对我老婆就搞不定，她不会吃我这套。另一方面，说话的速度一般来说要慢一点，学生腔、银幕腔、舞台腔要少一点。关键之点，是要表现得自然而然。

第二，声调要低。在前面谈到社会公德的时候我曾强调过：一个有教养的人，说话的速度一定要慢一点，声音则要低一点。从社会公德和自身修养的角度来讲，一个有涵养的人，说话的声音要低一点，速度则要慢一点。慢一点对方能听清楚，低一点则不会骚扰妨碍别人。务必记住：在任何时候，高声喧哗都是没有教养的表现。

第三，让人听懂。谈话时让人听懂与否，具体涉及到两个方面：其一，尽量不要用过分专业的词汇。比如，从事外事工作的人，动不动就喜欢拽一个外文词汇来，一会儿一句英文，一会儿一句德文，一般的谈话对象其实未必人人精通外文。我现在蹦一个词儿，etiquette（礼仪）。你可能就懵了。因此，专业词应该在你专业的场合用，非专业场合你就必须少用。因为没办法交流呀，它不容易互动。其二，讲对方听得懂的那种语言。比如，在国内交往中一定要讲普通话。普通话是国家法定的语言，全国人民都听得懂。你到了英国当然讲英语好；你到了法国，你要是会讲法语那更好了。你到法国去跟人家讲英语，法国人爱国心比较强，未必喜欢你，他们认为法语才是最优美的语言了。

第四，文明用语。不管对自己还是对外人，都要尽量多多益善地使用文明用语与礼貌用语。礼多人不怪，与任何人交谈，都要自觉地使用基本的文明用语和礼貌用语。

注意以上这几点，我们就会在与别人交谈时表现得彬彬有礼、落落大方、不卑不亢。

前面介绍了有关谈话形式的礼仪，关注的是"如何说"。**下面来谈一谈有关谈话内容的礼仪，亦即"说什么"的礼仪。**

在交谈之中，最为重要的就是内容，就是你所要传递的信息。例如，我饿了，我要弄到饭吃；我要向你表示好意，我得让你知道。

在涉及到交谈的内容问题时，礼仪上的规范是非常多的。古人在讲到礼仪的基本规范时，要求"齐颜色，修辞令，正仪容"。其中这个"修辞令"，就是有关交谈内容的选择和斟酌的问题。

与人交谈时，具体内容的选择无疑是一个非常重要的问题。因为谈话内容不合时宜，其客观效果就会适得其反。那么，在这些方面我们应该着重注意一些什么问题呢？

一般来说，谈话的具体内容实际上包含了以下两个问题：其一，是"有所不为"。即什么话不能说，哪些内容在谈话的时候不能涉及。其二，是"有所为"。即应该选择哪些问题。其实，谈话内容从礼仪上讲就是这两大基本问题。首先，你必须明白，你和外人交谈时，有什么话不能说。例如，孩子跟爸爸在一起，让爸爸不高兴的话就不能说；你跟同学在一起，让同学不愉快甚至反感的的话也不能说。这些都是有所不为。那么换一个角度，你还得说点什么啊，你总得说啊。哪些话是别人爱听的，是你想要讲的，而且是你比较擅长的，你也需要斟酌。

下面，我们首先规范一下，在谈话中不应该涉及到哪些具体内容呢？这就是我刚才所说的"有所不为"的问题。简单地讲，就是要明确在社会交往中有六个话题不谈。我们把它叫做"六不谈"。

那么，这"六不谈"的具体内容是什么呢？

第一，不谈含有倾向性错误的内容。倾向性错误的内容，在此主要指什么呢？具体来讲，是不能非议自己的祖国。我们上面谈到社会公德时所强调的第一条就是爱国守法。要爱国，你就不能非议自己的祖国，不能非议自己所在的民族，因为那是生你养你的地方。你和它们是一荣俱荣、一损俱损的关系。你的血缘，你的出生地，你的民族，是一辈子都不可以改变的，所以我们不能非议自己的祖国。

第二，不谈涉及别人隐私的内容。过去，我们有个别人有一个不好的习惯：就是对别人无话不谈。现代社会已经给了我们一个启示，有一些话真的不能谈。比如，对一个女孩，不能问她多重，一般的女孩都不愿意他人询问自己的体重；更不能问她腰多粗。这些话恐怕哪个女孩都不愿意听。家长也有不爱听的话，如果你的孩子16岁，最让你不爱听的话可能就是你的孩子考上重点高中了吗？考上北大、清华了吗？每个孩子的能力都不一样，家长的心愿都是好的，但是两者发生冲突碰撞的时候就不好了。

必须明确：自己的家人，自己的父老乡亲，这些人应该是自己关注的。领导关心群众生活，则属于职业道德。但关心是有度的，超出了这个范围，可能就差劲了。

尤其需要注意，一些个人的隐私问题，不能随便乱谈。此之谓关心有度，交谈有度。关于交谈中所忌谈的个人隐私问题，用非常专业的讲法我们叫它"五不问"。在和外国人打交道的时候，还要加上其他几个不问。"个人隐私五不问"主要包括那些内容呢？

其一，不问收入。什么是不问收入呢？就是不仅不问别人挣多少钱，而且跟人家收入有关的直接和间接的问题全部不能去问。它们都不适合于交谈。譬如，不可以打探人家有没有私家车啊，是两个轮的还是四个轮的啊；住房面积多大啊，是租的公房还是自己的私产房啊；家住在哪个小区啊？这些问题直接或间接都可以估算出来对方的实际支付能力。甚至你到哪里旅游，也直接和收入有关。再者，不能问人家经常出去吃饭吗，旅行的时候喜欢住几星级酒店啊。住五星级酒店和住招待所不是一个档次，坐火车的跟坐飞机的不是一样的，坐头等舱的和坐经济舱的也不一样啊。旅游的时候，在国内和国外，在远方和附近支出的费用，也完全不一样啊。一位有涵养的人对这些细节一定要注意。

其二，不问年纪。谈到年龄的时候，会让很多上了年纪的人失去自信，或者有即将"到站"的感觉。所以不问别人这一问题为妙。

其三，不问家事。家家有一本难念的经，不当家不知道柴米贵，不当家不知道家长累。但是，有的人就不注意这个问题。有一次，几个同学在一起聚会，有位老兄 50 来岁了，就摆出老大哥的阵势问班上最小的一位女同学：问孩子他爸呢？这个本来很正常，那位女同学当时带着自己的孩子，有孩子就一定有爹啊。那个年代的单身母亲很少啊，可他偏偏就碰到了单身母亲。他问了之后，那位女同志就说，死了！并且一下子表情严肃了起来。

据我的经验，凡女人告诉别人，她家那口子死了，其实并不一定是真死了。真的死了，她一般会非常哀怨地说不在了，会是很痛苦的表情。但是当时她是非常愤怒的表情。原来人家是离婚了。那位仁兄的一句话，勾起了别人的伤心处。真的不好。可是我们有些同志好这口，问起这些隐私问题，就跟打太极拳似的，由浅入深，循序渐进，直抓你痒痒肉而去。见到一个人上去直接就问，你多大了，有对象没有，结婚了没有？有孩子了没有？这些问题比较严峻，随便跟别人谈论这样的问题容易弄巧成拙。

其四，不问健康。健康，是现代人在社会上养家糊口的资本，是事业的支柱，是人们的立身之本。随便与别人谈到这个问题，就很容易自惹麻烦了。

那天一个同志关心我："老金，你的脸色怎么不大好啊？"我说："我最近工作比较繁忙。"他不放心："你是不是胃不大好啊？胃不好的人脸色都不好。"我说："我胃还行。我一般不多吃，但是也不少吃。营养还是比较均衡的。我老婆是学医出身的，对我要求比较严格。"他继续追问："那你的肝呢？"他不把你整死他难受，他非要给你查出毛病不可！他人是不错，但是这种说法却让人不舒服。说难听点，他那种说法会让别人觉得很晦气。

其五，不问经历。有道是："英雄不问出处。"因为一个人的经历，就是他的背景，是和收入一样的性质。名牌大学的本科生，不应该问外校的学生是哪个学校的，万一对方是专科生呢？万一是非重点呢？万一不是正规军是游击队呢？此外，还有博士、硕士、本科生的区别呢。所以说，谈到这个问题的时候，可能会让别人不高兴。切记不谈学历。另外不谈什么呢？不谈从业经历。别追问人家以前在哪里干过啊？跟谁做事啊？是什么职业啊？还有，就是籍贯问题一般也不问。比如，我经常向一些北京、上海的朋友们私下提建议，当你听到别人有外地口音的时候，千万别说：不是北京人，不是上海人吧。这句话里的优越感太强，别人会感觉你有排外的心理。你住在大城市，但是别人却住在小城市。你那样问了，别人就会感到不舒服。

此外，遇见外国朋友的时候，我们除了上面的五不问之外，还有一些需要注意的问题。**首先，外国朋友不喜欢被询问他们的政治见解与宗教信仰**。这些都是他们的隐私。什么党的，什么派的，信什么教的，哪个教派的，这些都不要问他们，因为这些事情完全属于他的个人行为，所以不应该打探。

其次，外国朋友不喜欢被询问他们现在忙什么呢。中国人打招呼的时候爱问别人：吃了吗，忙什么呢，到哪儿去了。可这些问题都是外国人所不喜欢回答的。他们的自我意识比较强烈，他们认为：忙什么完全是我自己的事情。比如，我在研究什么东西，我忙到什么环节就意味着我的进程如何。这些都是个人隐私。你若是知道了，透露了我的老底，我自己的工作还干不干啊。

最后，外国朋友不喜欢被询问家住何处。家住何处，属于很多外国人的一项个人秘密。我们刚才讲了，一个人的居住状况，肯定与个人的收入、能力、经济状况都是有直接关系的。

我们所说的这些不谈的问题，都是要看谈话对象的。有的人喜欢谈，有的人不喜欢谈。有人就说了，金教授你说的这些问题都是我最爱谈的啊，不谈的话我就没有话题可说了。

我反复强调：谈话永远都是要看对象的。个人的喜好不同，文化程度不同，人际关系不一样，谈话的深度与广度往往多有不同。选择具体话题时，关键是要看彼此之间的关系如何。

关系好的话，则可无话不谈。夫妻之间无话不谈，而且谈的比较随意。外人之间就不能太随意了。像健康问题，一般离退休老人就比较喜欢谈论。两个老人见面，常规的开场白往往就是：身体好吗？老何不在了，老王身体又坏了，老马差不多了，老吴也快了。人与人所关心的问题往往也不一样。那天一个孩子就和我说：伯伯，你讲的隐私问题并不完全，有个最重要的隐私你没有提到。我问是什么啊？答：孩子考了多少分，不能问是吧？那是孩子所关注的事情。不一样的人，想的事情通常也不一样。其实最不该问的还是年龄和收入，随便向别人打探此二者，可能会产生妨碍交际的效果。在我们所讲的不问不谈里面，这两个是最忌讳的话题。

第三，不谈涉及国家机密和行业机密的内容。人们往往都有好奇心，这是很正常的。不少人希望知道别人的事情，但是有些事情是有底线的。个人隐私就是底线；国家机密与行业机密也是底线。对于个人，不宜问隐私；国家机密和行业机密，也是不可以随便去打探的。我们国家有国家安全法和保密法。信口开河，会给别人不能被信任的感觉；打探机密则是违法乱纪。

第四，不谈非议交往对象的内容。简单地说，就是不能随便讲他人的坏话。比如，我到你家里做客，我就必须坚持"客不责主"。你请我吃饭，你老婆做的菜不好吃，我也得说好吃啊。但是有的人并不这样，人家结婚了请他吃饭，是人家请的啊。他去是去了，可偏要对人家所提供的饭菜挑剔一番。

跟对方不熟悉的话，打交道的时候不能随便乱说，否则就会惹火烧身。

有一次，一名日本人到我这里来。当时，日本的皇太子刚刚结婚不久，还没有生孩子。但是很多人比较关心这件事，它涉及到日本的皇位继承问题。那位日本专家坐下，我们有一名同志就问："请问，皇太子妃怀孕了吗？"还好那个日本人不懂汉语，所以我就笑着告诉这位先生：你可以出去了。问这话的人问我为什么？我说你又不是她公公，她怀不怀孕关你什么事情啊。你为什么非要对人家来宾哪壶不开提哪壶啊？！

第五，不谈诋毁领导、同行、同事的内容。常言说："来说是非者，必是是非人。"我们可以向别人提意见和建议，也可以批评和自我批评，但却家丑不可外扬。在外人面前，说到自己的老师，提及自己的同事、同学的时候，一定要主动维护他们。这是一个人的教养问题。你的母亲对你再不好，你能在外人面前谴责她吗？骂了妈妈，就是骂自己啊。你是她生的啊。她素质不高，你骂她的话，你的素

99

质高到哪里去啊？其实，这里也包含一个人的个人品格问题。

第六，不谈庸俗低级的内容。什么家长里短、小道消息、男女关系、凶杀惨案、黄色段子等等，这些都是格调内容庸俗的东西，是我们在与别人交谈时所不能涉及的话题。

在正式场合，通常我们该谈什么内容呢？这就是我们所讲的另外一个问题，"有所为"。除了"有所不为"的话题之外，我们要谈的"有所为"的话题都有什么呢？这个问题比较容易解决。我们在此有所谓"社交四宜谈"之说。

第一，宜谈双方拟定的话题。比如，我打算买你的车了，当然我就要围绕着车的话题展开与你的谈话。和售车的、售楼的，就要谈车价和房价。谈话时，往往必须就事论事。双方拟定的话题，就是正式场合所应该谈论的话题。

第二，宜谈格调高雅的问题。与别人交谈时，最好选择一些能

100

够体现你的见识或阅历的话题。要选择有文化、有品位的话题谈，这样做等于自己介绍自己啊。在人际交往中，既要了解别人，也要让别人了解自己、接受自己。通过谈话使对方了解自己的格调和素养，这是一种非常理智的选择。历史的问题、哲学的问题、时下的政治热点问题等等，都是格调高雅的问题，都是可以作为谈话内容的。

第三，宜选轻松愉快的话题。男士和女士喜欢的话题，往往是不一样的。在大学里面，男生和女生喜欢的东西，真的不大一样。男生爱踢足球，女生也喜欢足球。但别忘记：大部分女孩是因为爱某个男孩子，才舍命陪君子跟他去看球的。

有些话题太沉重了，谈起来并不太好。比如，你结婚了，我能在你婚礼喜筵上跟你谈预防爱滋病吗？那种说法本身是正确的，但是在喜筵上谈，就有点不合时宜。因为场合不对，太压抑，太沉重。你跟一些女孩子谈逻辑学问题，谈军事问题，谈哲学思辩方面的问题，谈先进的核技术、核武器、核设施、冷兵器、热兵器，是不是能把人家谈晕。我看得晕。你要选择一些轻松愉快的问题。

比如，电影电视、名胜风光、烹饪小吃、休闲方式等等，都是通常适合与人谈论的轻松愉快的话题。这些话题都很轻松。此时我们一般不打探隐私，但是明星不在此列。当然这些都是根据聊天对象的兴奋点去谈的。实在没得谈，男人可以谈足球，可以谈军事；女人可以谈化妆品，谈时尚啊。别的真的没得说了，还有一个话题——天气好吗？欲说还休，欲说还休，却道天凉好个秋啊。你到外地去的话，问问天气，虽是没话找话，但也聊胜于无了。

　　第四，宜谈对方所擅长的话题。闻道有先后，术业有专攻。你向对方请教他所擅长的问题，其实是最容易讨巧的话题。此举还可以表示你的教养以及对对方的尊重，可谓一石三鸟。其一，你给了对方一个表现他的特长的机会。在交谈中，自己感兴趣的东西，未必是对方感兴趣的东西，所以你要给对方一个表现的机会。其二，显得我们自己虚心好学。虚心使人进步，骄傲使人落后。让对方表现而不是自我表现，实际上是一种谦虚。其三，可以以静制动。我们讲过：言多语失。少说话，则少出错，何乐而不为啊。当你和长辈、学者相处的时候，谈这个问题是最好的选择之一。但是，一定要确定是他最擅长的话题，不要哪壶不开提哪壶。你问我：大 S 小 S 是谁，我不太清楚，我只知道她们姓徐，还有什么什么媛。你问我：Twins 是谁？我好像就知道是两个小女孩。你要让我再说具体的，我就不知道谁是谁了。人的精力都是有限的，你问陈景润：琼瑶最优秀的作品是哪部？恐怕没有哥德巴赫猜想让他更擅长、更清楚罢。所以说，和别人交流的时候，你不能就其短、抑其长，那样会让对方尴尬和难堪。

　　总的来说，我们所说的以上这四个话题，都是交谈时应该优先选择的。

第 5 篇

登门拜访

拜访，是人际交往中的最基本、最常规的形式。朋友一场，就要常来常往。你要认识别人，总不能在马路上随便撞见一个人就问："能认识你吗？"接下来的问题，你与自己所认识的人怎么保持联系呢？基本方式有：打电话式，E-mail 式，写信式。此外，经常见面更是常来常往的一种沟通方式。

　　一般而论，最常见的社交形式就是拜会。所谓拜会，就是拜访。我到你家去，你到我家来，这就是拜会。如果是两位 50 年没见面的老同学见了面，他们彼此之间也会说话。但是就会存在隔膜，没有共同语言。而常来常往的人就不同，连对方家里养了几只小鸟彼此都一清二楚，因而他们之间会有共同语言，会有共同话题。

　　那么，到亲朋好友家里做客是不是要遵守一定之规呢？当然要遵守其一定之规。这个一定之规，我们称为**为客之道**。对现代人而言，拜访时到底又有哪些为客之道呢？

　　为客之道最重要的一条，就是**客随主便**。你到别人家做客，就一定得清楚自己的客人身份。拜访者是以客人的身份到主人家里去，这是一个自身的定位问题。有鉴于此，你就不能让主人感觉到你麻烦，感到负担或者勉为其难。做客时，一定要注意到互动的问题。

做客时的互动最基本的要求，就是客人要以主人的意愿为优先考虑。

如果家里突然来了客人，主人往往会措手不及。所以我们到别人家做客的时候，千万不能不邀而至。

俗话说：登门拜访。就登门拜访而言，对客人有什么具体的要求呢？我们所讲的为客之道，总的来说是要客随主便。具体来说，有四点值得注意的问题。**第一，要有约在先**。就是一定要提前约定。**第二，要上门有礼**。登门的时候，要讲究礼节。不能破门而入。**第三，要为客有方**。在别人家里进行室内活动的时候，要将一些基本的规矩牢记在心，并付诸行动。**第四，适可而止**。拜访别人时，进与退均应遵守礼仪。

我们在去别人家里做客的时候，怎么样才能真正的做到为客有方呢？

首先，要有约在先。这是做客的时候首先所要考虑的问题。

有约在先，是为客有方的前提。有约在先要是没有做到，那么就谈不上为客有方了。所谓为客有方，是指我们在拜访他人的时候，一定要提前约定，不能充当不邀而至的不速之客。不要因此而打乱别人的日程和安排，让别人措手不及。每个人的时间都是非常宝贵的，你这样愣头愣脑地撞过去，难免会耽误别人的事情。具体来讲，我们所提倡的有约在先，实际上涉及到以下五个要点。

第一，要约定时间。联络拜访他人的具体事宜时，首先要和对方讲清楚自己到达的时间，同时也要讲清楚自己离去的时间。

有一次，一位朋友要来拜访我，他跟我说早上八点到。我一直

106

在家里等着。结果他早上八点没来，晚上八点才来了。整整浪费了我一天的时间。其实他来了没有什么重要事情，就是和我聊聊天，然后借两本书。我想这种事情有一个小时、半个小时就足够了，没想到他一谈又谈到子夜十二点，结果毁了我那天所有的安排。

当时，我没有什么理由不等他，也不能赶他走。他年龄比我大，算是老大哥啊。

有约在先，不仅要强调到达时间，而且还需要强调停留时间。这样做，才会让主人事先有所准备。让主人提前把自己的时间安排好，使主人的下一个日程不会受到影响。

第二，要约定地点。现代人的活动范围是很广泛的。与人约会时，除了住宅之外，还有很多地方可去，例如，酒店里的咖啡厅、郊外的私人别墅什么的。但是一般来讲，拜访是到家里去的。有的人的

住处很多，城里有一间住宅，城外还有第二住宅什么的。你就要说清楚了双方到底在何处见面，你到哪个家去看他。我经常遇见这种事：我说去他家拜访，但是他没告诉我他在哪里等我。我去了吃闭门羹，结果

他却在另外一个家等着我。他没说清楚，我也没问。另外一种可能，没准他在单位呢。人家说的等着你，可能是在单位等你呢。这个点一定要特别注意。海外人士，一般不喜欢你到他家里做客。他喜欢在公司里会客，公事公办。办私事的时候，则一般喜欢在茶室、酒吧、咖啡厅之类的地方与客人见面。他们不喜欢让自己的家庭生活受到外人干扰。

比如，你到我家里来，我得让我老婆作陪吧。学生想看看师母，师母得请假吧。但是这样作就会影响到她的其他安排。到外面的茶社去就没事了。她下班了，她忙她的事情。我们去茶社，两不相扰。

第三，要约定人数。拜访任何人，都必须事先约定具体人数。也就是说清楚几个人去拜访，这一点非常重要。

有一次，一位朋友说要到我家来。我说你来吧，因为是老熟人了。结果他不仅自己来了，老婆也来了。当然，太太来就来吧，可是孩子也来了。现在都是独生子女，带一个宝贝来也说的过去。可是他给我带来了四个孩子。他的孩子，他哥哥的孩子，他姐姐的孩子，还有一个不知道谁的孩子。他还告诉我说，小朋友们在电视上看到你的电视节目了，就想过来看看你。好家伙，我家成了幼儿园了。哄了这个，哄那个。这个哭，那个闹。我当时所写的东西的最后一张稿纸都找不到了，可能让哪个孩子拿去了。

这位仁兄除了自己愣头愣脑撞上来之外，还带了人家不想见到的人。你想领孩子来是可以的，但是你得先打声招呼，比如说："金先生，我有一位朋友想来看看您，他是您的崇拜者，一直很想见到您，看了您很多书，有一些问题想向您当面请教。"这样说，在我允许的前提下或许可以，否则就不合适，就是不邀而至。所以说有约在先，不仅仅是要约定时间、地点，而且还要约定具体来访的人数、人员。

第四，要约定主题。时间是宝贵的。一般而言，拜访他人之前，其主题亦应提前予以确定。比如，记者要采访我，就应该如此操作。有些记者很有经验，他会把他的采访提纲提前传真给我，或者用电子邮件发给我。

有一次就发生了一个突发性事件，一位记者要采访我，他打来电话，只说要我等他。一共就这么几个字，然后电话就挂断了。我这个人是讲究职业道德的，于是就长时间地等他。因为联系不上他，他的手机也不在服务区，没办法我只好死等。我不知道他采访哪个具体问题？我的学术研究涉及的领域广了一点。我除了研究礼仪之外，还研究外交学。严格地讲，礼仪是外交学下的一个分支。我不知道他找我探讨我所研究的哪个具体领域。我这里的"防线"太广，因此没法准备，没办法很好地表现自己。所以拜访别人前，不管公事还是私事，主题一定要尽可能地、尽早地约定下来，这是非常重要的。

第五，要如约而至。它的含义是，拜访别人时别违约、别爽约，必须准时到达。约会时，有的人倒是到了，却是说好的八点到，结果九点到，浪费主人一个小时的时间，让人家在那里干等。还有的同志，不打招呼就不来了，自我取消了。不来的话，你要尽早通知对方，而且要说明理由。说好了到我家来，为什么不来？！你要是不说清楚会让对方不高兴。因为这是爽约，非常不好，所以要如期而至。要按照以前约定的时间、地点、人数和主题认真兑现。其中任何一项都不能随便变更。如果变更的话，应尽早通知对方。

　　有一次我请客，约八个同学来吃饭。都是中学同学，二十多年没见面了。我很高兴，于是在外面订了酒宴。当时我很大方，咬牙切齿地动用了自己的小金库了。结果好几个人到时却说不来了。有的菜肴是提前一天订做的，因为人家为你做了，你怎么能不要了。因此我是花了钱又不高兴，害得我自己把那一桌子菜吃了一个星期。

　　这就是我们所讲的有约在先的重要之处呀。

　　其次，要登门有礼。俗话说，登门拜访。就登门这一环节而言，我们需要注意的是什么呢？这就叫登门有礼。因为你按照约定来了之后，你一定得登堂入室。这是一个很重要的问题。

　　第一，预先告知。比如，我快到主人家的门前时，一般都会打一个电话向主人确认一下。我担心对方忘记了，这是有可能的呀。当时可以说："某某你好，我是金老师，我要去看您了。我们前天约好的八点到。我已经在高速上了，还有二十分钟就到。我估计八点整能到。"到了人家家门前时，该敲门就敲门，该按铃就按铃。千万不要推门而入，万一人家在洗脚或更衣呢。那样大家都会很尴尬。万一人家家里有别的客人呢，别人可能还没有撤退呢。所以需要注意预先通知主人。

第二，准时抵达。我们强调要如约而至，有的同志就问了，那我早到了怎么办啊？早到就在门外先等一等。至少你先跟对方说一声："不好意思，金老师，我已经到了，提前了一刻钟，我可以进来吗？"因为没准主人那里还有另外一批客人，没准他正在收拾餐具。你愣头愣脑地闯进去，别人还没有准备好，还没有完成他的准备程序。那样不好，不礼貌。早到的话，最好是先在门外等一等。准点进去，才是最佳表现。

第三，问候致意。登堂入室之初，勿忘问候他人。站在社交的立场上来讲，那时候需要问候的人大概有以下三种。

其一，拜访对象。需要拜访谁，就需要向谁打招呼。你不可能上去一拳把他放倒。要是朋友多年没有见面了，那还可以沉默片刻，酝酿一下。要是在正式场合对对方不理不睬就不合适。"老王,你好。"你得先说一声。假设你到我家来了，我老婆在家，你招呼不打直接进去了，我老婆的警惕性很高，她不仅会吃惊，而且还可能会对你有其他看法。你那时先得打招呼,"金老师您好！"你一喊"金老师"就定位了我们的师生关系。我老婆就不会出现怀疑和猜忌。这是非常重要的。

其二，问候对方家人。对当时在场的拜访对象的家人，均应一一加以问候。一般来讲，应是先老后幼，先女后男。也可以按照对方向你介绍的顺序操作。比如，我介绍：这是我太太，这是我的孩子。你就可以照此顺序办理。

111

其三，问候在场的其他客人。这种事情，我们常常会遇到。过年过节去串门了，人家家里有别人在座，对方可能会站起来向你问好，或者是主人把你介绍给他们。如果主人忽略了，他忘记了此项程序，那么你也一定要主动向那些人打招呼。否则，别人会感觉你排斥了他们。

其四，存放自身物品。登门之初，一定要注意一些程序上的其他要求。譬如说，对方要求你脱下外套，你就要按照他说的做。对方需要你更换拖鞋，你也得照做。我一直强调做客的时候，自己所穿的鞋子一定要注意，袜子问题也要注意。有很多人是"凤凰头扫帚脚"。他的鞋子不能随便脱。一脱鞋子屋子里就有别样的"芬芳"。那里或许还有别样的"景观"，袜子上漏了三个洞，其中一个还漏着大脚趾头。

有的人家比较讲究，让你把衣帽存在衣帽间里，或者让你把手提包放在某个地方，你都必须一一照办。

还有一点要注意，别人邀请你到哪个房间去，你得按照他的线路走。比如说，对方把你往客厅让。你就不能直奔厕所，你内急吗？别人请你到观景台去看看人家的湖光山色，你别不去。否则好像在表示自己什么都见过，人家那里没什么了不起的，那你就是向对方宣战示威。

再次，要为客有方。 我们到别人家做客的时候，怎么才能做到为客有方呢？要真正做到为客有方，大体上需要注意以下四个具体问题。我们把它叫做"四个限制"或者"四个限定"。

第一，要限定交谈的内容。 交谈的内容，实际上指的就是交谈时的具体范围。比如，你到我这里来请教问题，那你就别打探我的隐私。说好了来和我叙叙旧，就别找我借钱。我本来只准备和你叙叙旧的，你上来就向我借三万块钱，那肯定会影响我当时的情绪。我一下也拿不出来那么多钱呀！原来约定好了要谈什么，到时候就谈什么。当然，为了适当地调节气氛，那时还可以说点轻松愉快的内容、时尚流行的内容。但是在交谈之中大的方向不能跑题。

第二，要限定交际的范围。 在交谈的范围限定之后，还要限定交际的范围。拜访他人时，你的交际对象就是你的拜访对象，亦即你的交际范围。比如，我到你家去了，我要拜访的是你父亲，那我就应该主要和他交流。如果我和你不熟悉，那我问候你两句就足够了。否则我和你说的话比和他说的话还多，会让他不舒服。好像我醉翁之意不在酒，而是在乎山水之间。如果人家主人家里还有客人，宾主双方正在谈话，你贸然地插进去，自然影响了人家的交谈。

第三，要限定交际的空间。 交际的空间问题，在此主要有两个方面的具体含义。其一，就是要在指定之处就坐。中国人的待客习惯是讲究"坐，请坐，请上座"。人家让你坐沙发，你就别坐到人家床上去。还有，人家请你坐着，你也别站着，这个客气没有必要。

一般来讲，客人应该在主人身后，跟随主人进入客厅。然后在主人要求其就座之处就座。这时候要注意两点，一是首先请长辈就坐。二是可以同时入座。如果在场者之中没有长辈，大家的年龄差不多的时候，最好一起就座，你也不要抢先就座，因为一般先就座的是身份地位比较高的人。主人有时候会客气地请你先坐，其实你和对方同时就座就足够了。

其二，活动范围以客厅为主。除非你要到卫生间方便方便，此外你的活动范围只能在客厅之内。不要乱跑，有的人就有这样的毛病。比如，到你家里做客，他想到你的书房看看，你还没吭声，他自己就杀进去了。

我很想问一下这种人：你是来做客的，你凭什么未经我允许就跑到我书房里去？你到了我的书房之后，顺手就翻东找西，电话簿也翻看，录音机也窃听，我家的书也被你顺手揣一本回府，如此种种，合适吗？！在主人家里东摸西碰，是缺少基本素养的表现。还有人更狠，自己跑到我家卧室去，然后往你的床上一仰，鹊巢鸠占，我家就这样被他占领了。这样做不合适，所以要限定交际的空间。即便要到卫生间，也要问主人一声，然后再去人家指定的厕所。现在很多人的家里会有两个以上的卫生间。一个是私用，另一个是对客人的。不要擅自使用人家的私用卫生间。

第四，要限定交际的时间。除了限定了交谈的内容，限定了交际的范围，限定了交际的空间，还要注意限定交际的时间。说好了双方要谈多长时间，就要适可而止，及时撤退。一般拜访的时间宜

控制在半个小时之内。主人待客的极限，就是说人家主人待客时的热情兴奋能保持多长时间？常规地讲，就是一个小时左右了。这是其极限。其实，最好的拜访时间是一刻钟到半个小时之间。这是最好的，也是最容易被人们所接受的。当然，相对来讲，一刻钟稍微短了一点。如果没有特殊原因的话，待半小时左右的时间是最好的。不过也不必掐表：三十分钟时间到，撤。差两分钟，还要死扛！没有必要那么做作。但是反过来说，你进去待了一两分钟，然后跑掉那也不行，好像双方话不投机半句多了。这些细节问题，还是需要注意的。

最后，要适可而止。在我们离开的时候，应该怎么告辞才比较妥当呢？这个告辞问题，其实也是一个礼节的问题。拜访时必须讲究善始善终，告退有方。一般人做客的时候，告辞的礼仪有以下几点要注意。

第一，要适时告退。适时告退有以下三层意思：一是按原来约好的时间，按时走；二是如果没有约定时间的话，待半个小时，或者一个小时要走；三是万一别人有急事的话，比如，他的单位临时通知他开会，或者他家里又来了别的客人，你是不是得告辞呢？即便那时对方挽留你，最好也不要耽误主人的行程。

第二，要向在场的所有人道别。 比如，你在我家里做客，走的时候，就要和我老婆打个招呼，或者和在场的叔叔伯伯打个招呼，和我家里的其他客人打个招呼。这些都是需要你那时注意的，这是善始善终的意思。不仅见面的时候要问候对方，在临走的时候也要向对方致意问候，握手话别。

第三，要说走就走。 经常有这样的人，俗称某个部位比较沉重。他先来问你："我是不是该走了？"主人不好意思说你是该走了。主人在那里看表意思就是你可以回去了，我还有其他的事情要做。但是你给我蹦出一句，"我是不是该走了"。结果我只能说你再坐一会吧。他本来已经起身了，又坐回去了，说"那我就再坐一会"。一会他觉得没话说了，问主人他是不是可以走了，主人说"没事，你再坐一会吧"。他又说"那我就再坐一会儿"。最后他打算走了，到了门口拉着主人的手还再跟你说一会。主人把他送到汽车站，他又把主人送回来了。似乎相见恨晚，十八相送一样，这样做很不合适。拜访时，要说走就走，绝对不要流连忘返，又不是情人惜别，何必依依不舍。勿忘当断不断，自受其乱。

第四，要回报平安。 最后一点要注意的是：远道而来的客人或者是晚上离去的客人，回家之后，要主动向主人报一个平安。尤其是孩子对长辈应当如此。还有，在国际交往中，到外国朋友家里去，或者到重要客人家里去，受到了对方的款待，那么返家以后在电话里要向其表示感谢。这也是一个重要的礼貌与否的问题。告辞之际，需要注意这些细节。

第6篇

接待来宾

在以上一篇里，我们讲授了为客之道。接下来，我们再来谈一谈待客之道。关于待客之道，我们在公务礼仪上又应该注意一些什么要点呢？

这个问题，其实是拜访问题的另一个侧面。待客之道，对每一名中国人来讲，应该都会有自己一定的心得。因为中国自古以来就被称为礼仪之邦，而且中国人历来强调要让客人满意，要使宾至如归。所谓宾至如归，意即客人到了我们这里，要跟到了自己的家一样。有鉴于此，在谈到待客之道的时候，有一些基本的问题需要大家注意。

大体上来讲，待客之道，最基本的讲究是强调主随客便。前面讲到做客的时候，讲究的是客随主便。我们这里强调的则是：主人的所思所想、所作所为，必须要首先考虑客人的感觉，并且一定要尊重客人的选择。你作为客人的时候，你要强调客随主便。我作为主人的时候，我则要讲究主随客便。主人不能要求客人客随主便，这个问题一定要明确。

具体来讲，我们在招待客人的时候，主要需要注意以下三个大的问题。从礼仪上来讲，**第一，要提前作好必要的安排。第二，要注意迎来送往的细节。第三，要自始至终对来宾热情相待。**

具体操作待客礼仪时，所运用的各项礼仪都要发之于心，动之于情，表之于形。简言之，就是要力求表里如一。然而，我们在接待客人的时候，怎么样做才能既热情大方，又真正地让客人感到满意呢？这就是一个掌握分寸的具体问题了。具体来讲，主要是要注意两条：一方面，对一般的客人而论，不熟悉的、初次交往的客人，我们要按照礼仪规范礼待对方。要表现得热情和友善，就应该把礼仪规范性放在第一位。另一方面，如果来宾是常来常往的老朋友，有的时候倒不必拘泥于细节，而要把热情、友善放在第一位。

如果我们在家中接待老朋友的时候，需要怎样以礼待客呢？这是一个比较敏感的问题。比如，家里来了一位老朋友，来了一位好朋友，有的时候你不能不讲究礼仪，但是过分拘泥于此也是不可以的。我曾反复强调过这个问题：该讲礼仪的时候，不讲礼仪是不行的；不该讲礼仪的时候，要是讲了礼仪也不行。不该讲的时候你讲了，人家就会说你做作！你说"坐，请坐，请上座"，那是对外人讲的。打个比喻，你妈妈出差半年多，现在回家了，你爸爸见到你妈妈第一句话是"坐，请坐，请上座"。你妈妈那时一定会高度警觉，难道他犯事了吗？

再比如，中学同学在一块聚会。毕业五年之后，十年之后，大家都工作了，都有家庭、有孩子了，难得的中学同学聚会，大家那时能论级别就座吗？处级以上的坐第一桌；副处、正科坐第二三桌；一般员工坐四五桌，那样做可能吗？

首先，我来较为具体地介绍一下待客时礼仪上的安排和准备的问题。这一问题真正解决好了，方能有备无患。有时候，接待客人如果缺少必要的准备，一定会非常得麻烦。我就碰到过一桩这样的事儿。

前几天，我到外地出差，去参加一次学术活动。我下午在当地逛街时，碰上一个熟人，他是我以前上大学时的同学，但不算特别熟。他非常客气，邀请我到他家里做客。我们许多年不见了，反正那天也没有重要的事儿，他让我去，我就真的去了。他让我当晚去之前，先给他打个电话。他还说，到时候我给你准备好吃的，家里没有外人，咱俩好好吃一顿。我挺高兴，就按时去了。去了之后我们先聊天。到了下午六点，他说该吃饭了，我说对呀，你说好让我吃饭的，我就不客气了。问他吃什么呀？他说没什么吃的。我以为他假客气呢，我说，没什么吃的就随便弄弄吧。他东找西寻，又把冰箱打开翻了一遍，就有两碗方便面，结果我俩一人一碗。等我回去之后，才知道那次学术会议当晚是一次聚餐，不敢说有什么山珍海味，至少比平时吃的要丰富。结果我聚餐没有吃，反倒吃他那碗面去了。回去以后，人家问我说："老金啊，你今天到哪儿去吃美食佳肴去了？"我说我吃了一碗方便面，可是根本没有人相信。

当然，我并不是为了去人家吃饭去了，可是那时候真的感觉到有点别扭。我觉得我好像成了不速之客似的，不受人家欢迎。咱不一定要去你家里吃山珍海味，但是你说你请我吃饭，你至少得弄俩菜才像回事儿，否则有糊弄对方之嫌。你接待客人时，一定要有备无患，认真准备无论如何都是必要的。

我们在作这些具体的准备工作的时候，应该注意哪些问题呢？我认为大体上需要注意以下五个方面的问题。这五个方面的问题不一定非得面面俱到，但是应该分清主次，并根据自己的情况适当地作好准备。

第一，要搞好环境卫生。我们讲到社会公德和个人私德的时候，都曾反复强调过讲究卫生的重要性。待客之时，个人、室内、室外，都要保持卫生，力求干净整洁、空气清新。这一点，永远是第一位的。比如，到你家去做客，把门一打开，里面乌烟瘴气，睡觉的那个味儿还没散开呢，那可不大好吧！还有的同志，家里弥漫着烟熏火燎的味儿、油烟或烧烤的味儿，还有说不出来的那么一种怪味儿，那对人家客人可是一种精神折磨和蹂躏呀。谁都不会愿意到那种地方去接受此种"磨难"呀！因此，一定要搞好环境卫生。搞好环境卫生，在我看来有以下三点需要注意：

其一，要搞好个人卫生。万事人为大，所以首先得把你自己拾掇拾掇，搞好个人的卫生。我们都知道一个基本的常识：当重要客人到来的时候，主人要更衣相迎，至少你也不能穿得太邋遢。比如，我是一位非常重要的客人。我到你家去了，你穿着大裤头、光着大膀子就过来了，说好听点叫不见外，说难听点则是没有把我当回事儿。此

122

点要注意，一定要做好个人卫生：该刮胡子就要刮胡子，该洗脸就要洗脸，该刷牙就要刷牙。国际交流之中，还讲究女主人要化妆，这样做对待客人是一种重要的礼貌。在外国人眼里，作为女主人，我到你家里做客，你要是不化妆，就是没把我当回事儿，我会非常不高兴的。

其二，要搞好室内卫生。用以接待客人的房间，一定要窗明几净，地无尘，房无垢，空气流畅，这是非常重要的。特别是客人有可能走到的几个地方，比如说，前厅、客厅、餐厅、阳台、卫生间，卫生一定要提前搞好，这些都是客人会去的地方。如果你不注意这些地方卫生的话难免会因小失大。本来你的客厅卫生挺像回事儿的，卫生间一推开，里面却挂着内衣，吊着内裤，一双袜子还滴答着水。客人一蹲，弄了一头湿，而且洗手池里面还泡着不知道是饭碗还是猫食罐，那样肯定会令客人的感觉不太好。

其三，要搞好周边卫生。有的人其实是很注意以上这两点的，但是有的时候他却会忽略第三点——室外的周边卫生。古人讲究：一屋不

扫，何以扫天下？除了室内卫生之外，搞好室外周边的卫生也非常重要。因为客人要上楼梯，要路过你家门外。有的同志喜欢把东西扔到外边去，那样做非常不好。随手乱抛肮脏之物，是很不道德的。不讲究卫生，是一个非常不好的毛病。

如果时间允许的话，但凡搞室内卫生时，都要把周边环境卫生也顺便搞一搞，此举表示我们拥有良好的教养。

第二，要准备必要的交通工具。一般接待远道而来的客人，或者是初次而来的客人，或者是非常重要的客人，都要为对方安排必要的交通工具，要把他们接过来。可能的话，甚至需要亲自去接对方。有一次，我到一个地方去做客。说实话，是对方请我去的。下了车之后，却没人接，我自己找那家单位，还找错了地儿。最后呼吸急促地、浑身污垢地到达目的地之后，我连跟主人寒暄的劲儿都没有了，感觉被人家冷落和轻视了。所以，在可能的前提下，应尽量为来宾安排一下交通工具。

如果对方是驾车而来——很多人拥有私车，则往往需要为对方安排一下停放车辆的地点，并派人去照看一下。别让客人自由停放，其车辆也不能没人照料。客人们本来高高兴兴地到你家来做客，临走的时候却发现车丢了，车被刮了，或者是车被保安、交通管理部门给贴上了一张罚单，甚至拖走了，你说如何是好？那时，客人肯定会很不高兴的。所以，待客要考虑周全，这一点也是非常重要的。

第三，要备齐待客的基本物品。待客时，总有一些物品不能或缺。比如，你家里平时来了客人，过年过节来了客人，家里会准备什么来待客呢？在一般情况下，首先是要准备吃的，还有喝的之类的。事实上，中国人的待客之物主要是以下"四大名旦"：

首先，是饮料。待客时要备有各种饮料，有茶，有矿泉水，有咖啡等等，并要因人而异。

其次，是香烟。虽然吸烟是非常有害于健康的，但是年龄大一点的同志，尤其是男同志，大都好这口。比如，我就是这样的人，是屡教不改的，没有办法了。所以待客时只好遂其所愿了。

再次，是糖果。在我们日常待客的时候，通常需要备有各式各样的糖果，包括水果、干果之类的。

最后，是点心。有时候不必待客以饭，但可请客人吃一点儿点心。女主人自己烹制的小糕点、小点心，也可让对方品尝一下。

一般而言，待客时需要准备的就是这四项基本物品了。该准备的还是要准备的。有的时候，具体安排这四种待客物品，还需要注意某些细节。比如，一定要讲究卫生。你招呼客人喝饮料也好、吃点心也好，一定要干净。很好很精美的点心拿上来的时候，若由一个很脏的盘子盛着，或者茶水杯没有洗干净，那样就不好了。

当着客人的面，用手把茶叶抓起来放到杯子里，就更不好了。我就非常看不惯这样的做法。有的同志待客的茶叶是很高级，什么毛尖、毛峰、乌龙，端来了一大罐，这一罐就值两千块钱。放茶叶时，他先问你要放多少？然后下手就抓。他那只魔爪不知道此前摸过什么，但还是要自作多情地亲自替你抓起一撮茶叶，放入你的茶杯。他那杯茶当你喝的时候肯定会索然寡味，或者成了其他味儿了。

第四，要注意膳食的安排。接待外地来的客人、远道来的客人时，往往要替对方安排吃住。如果人家愿意自己在外边住，那就是另外一回事儿。客人要求到外面的地方住，我们可以代为联络，代为接洽，代为预订房间。此点一定要坚持主随客便，不要勉强客人。请注意：一些有特别生活习惯的人，往往不喜欢在别人家里留宿。

一般来讲，我们中国人待客时都很认真。通常都要留餐啊，包括在家吃饭，或者我们在外边订一桌。这种事儿，你一定要提前安排，不要临阵磨枪。我经常遇到这种事儿，说是请你吃饭，可能是真心的，但事先准备不足，到时候现吃饭现订餐，搞不好连一张餐桌都找不到。

有一次吃饭，我就被换了三家饭庄，主人跟我讲他们楼下一家饭庄特别棒，我们就去了，结果一进门没座儿。我倒无所谓，就当体验生活了。他又说，前面还有一家挺不错的饭庄，去了还是没有座。最后进到第三家饭庄，又是没有座。一而再，再而三，破坏用餐的情绪了。我跟他说不想吃了，他还以为我翻脸了呢，我说那到不至于，我真的没有情绪了。

如果可以的话，待客时最好事先预订一家饭庄。重要的客人时间安排比较紧张的话，一进门菜就可以上了。你要是现点菜，有的时候会浪费人家的时间。你请人家吃饭是好心，但是你没做好吃饭前的准备就弄巧成拙了。

第五，要酌情安排娱乐活动。为你的客人安排一些娱乐活动，往往是必要的。现代人讲究情调，强调做客环境的宽松。待客本来是一种友善的交流，推崇多交朋友，广结善缘。话题太沉重，或者两人四目相对，唯有泪千行，也挺无聊。宾主聚会时，大家放松放松，好好玩一玩是可以的，特别是客人带着孩子来的时候。当然，我们也提倡拜访客人的时候，如果没有特殊的考虑，孩子还是不带为妙。带着一个小家伙倒是挺有趣，但是如果孩子不懂事，乱拿、乱要、乱碰、乱摔、乱叫，打断大人的正常交流就不好了。但是客人如果带着孩子来了，或宾主双方都有小孩，让孩子之间进行沟通也行，还可以为之安排一些娱乐活动。安排娱乐活动时，通常需要注意三点：

其一，坚持主随客便。在待客时，应始终坚持主随客便，尽力令客人心情舒畅。举一个简单的例子，我脾气不大好，坐不住。那天被一位同志请去钓鱼，其实按照我的本意，用炸药炸鱼比较好，钓鱼我根本钓不到。到了一家垂钓场，人家都钓了好多条鱼，我在那儿却如坐针毡，浑身出汗，一无所获，受洋罪呀！我真的不愿意去。结果既花力气，又浪费了时间。

其二，讲究格调高雅。我们强调精神文明、物质文明建设并重，在私人生活中虽然没必要事事都要求高、大、全，但是至少要注意有一条底线。黄、赌、毒等一类非法、不正当、不道德的活动，不能去安排。低级趣味的、无聊的活动，也不宜在待客时安排。

其三，力求形式简单。待客时所安排的娱乐活动，不能太复杂，不能喧宾夺主。聚会、拜访、待客，都重在宾主之间面对面的交流。交流的重头戏，则是思想、情感或信息。在我看来，接待客人时，娱乐活动的安排应当少而精，并且形式上必须简单易行。

那么，在迎来送往客人的时候，在礼仪操作上应该注意哪些细节问题呢？

迎来与送往，始终是主人待客的两个重要的环节，必须要善始善终嘛。我们现在待客也要讲究这些。大体上有以下几个细节需要注意。

第一个细节，在迎接重要客人或者远道而来的客人的时候，要恭候对方。

比如，我们在迎接外地的来客时，应该到机场、车站或者码头去迎接他们。本市的，但是不在本小区居住的，住的比较远的客人，我们则要在住宅小区的大门口，或者公共汽车站、地铁站去迎接他们。别让对方迷路，那么就最好去为他们带路。即便熟识的朋友，也应该在自家的楼下，或者电梯口、门口迎接他们。不要等客人到了，敲了半天门，主人却不在家里，甚至主人匆匆忙忙地才赶回来，比客人到得还晚。

一般来讲，主人必须提前到达约会现场。应该早于客人，最好是提前几分钟。你别急急忙忙跑回来。

第二个细节，客人到来的时候，主人要主动地向对方要施礼问候。届时，主人一定要主动跟对方打招呼，要把客人介绍给自己身边的家人、朋友以及在场的其他客人。如果客人来了很多，则要向他们逐一进行问候，这是非常重要的。否则人家会有被冷落的感觉。人家好心好意地来了，你不搭理人家，或者不寒暄、不热情，对方的感觉肯定不好。

特别要强调的是，在接待客人、问候施礼时，一定要叮嘱自己的家人特别是小孩子，要友善待客，热情待客，并且要对所有客人一视同仁。要告诉自家的孩子：不要看到那个阿姨给自己带了小玩具来，就抱着阿姨又亲又问好；如果人家没带玩具，就不理人家；看人家穿的漂亮、长得帅，就跟人家打招呼；对方是老弱病残的话，就不理睬人家。这一点是要强调的。

最后，我再来具体介绍一下现场热情待客的礼仪。所谓待客，

最重要的环节自然是在现场对客
人的接待。在现场待客时，首先
有以下两个细节需要注意，此乃
中国人待客的基本功，即"坐，
请坐，请上座；茶，上茶，上好茶"
这两套，中国人待客时肯定少不
了，也绕不过。以下，对此两大
细节分别进行较为详尽的介绍。

　　"坐，请坐，请上座"之中
哪一点更重要？当然是请上座重要。那么哪里是上座呢？人们往往
有其不同的说法。其实，座次的排列，国家不同不一样，民族不同
不一样。同样一个国家，同样一个民族，如果时代不同，座次的排
列也可能不一样。

　　待客之时，一般要讲规则。如果是自己人，其实随便坐就可以了。
一般在不是很正规的客厅里，高的座位比低的座位要好；舒服的座
位比不舒服的座位要好；单人沙发比双人沙发好。后者主要是因为
单人沙发比较自由，双人沙发则是需要与别人合用的。

　　一般而言，在较为正式的场合待客时，排列座次主要有下述四
条规则必须遵守。

　　第一，面门为上。如果没有其他考虑的话，在客厅里面，哪个位
置高呢？面对房间正门的位置最高。此即"面门为上"。为什么呢？因
为面门的座位视野好，谁进门，谁出门，都能看得一清二楚。换而言之，

背对着门为下。背着门的人，你不好意思频频扭头去回顾其他人啊。

第二，以右为上。那么，两个人并排坐呢？比如，我们俩现在面对着门坐，讲左边高是我们传统的坐法。我这里讲的左和右，是当事人之间的左和右。座次排位是客观定位，而不是主观定位。我们这种左高的定位，实际上是中国传统的做法。从历史上讲，汉朝曾搞过"右高"，唐朝之后大都"崇左"了。

随着中国国际交往的扩大，对外开放程度的加深，在绝大多数情况下，我们会客时宾主并列的座次排列都开始遵循国际惯例，即"以右为上"。两个人并排坐时以右为上，即右边高。像电视节目上的很多镜头，党和国家领导人在我国国内会见外宾时，外国客人都是坐在其右侧的，这一点司空见惯。

第三，以远为上。所谓"以远为上"，就是离门越远，位置越高。比如，我这有两张沙发，不是靠着门，不是对着门，而是靠着墙的某一侧。一般来讲，离门越近，位置越低；离门越远，位置越高。因为离门近，容易受到打扰。有人敲门时，你得去开。在餐厅吃饭的情况也是如此，坐在门口较为不便。如果遇到一个话多的人，从你身边经过时再三"考察"你餐桌上的菜肴，还一个劲儿问你什么菜好吃，多不爽啊。离门远点，就没有那种事儿。

第四，居中为上。所谓"居中为上"，即中央高于两侧。会客时座位如有中央与两侧之分，通常应请客人居中而坐。

一般排列座次时，我们讲究以上这样几点就足够了。"坐，请坐，请上座；茶，上茶，上好茶"这句话，应该包含广义的饮料概念。我们待客的时候，在饮料的具体安排上有下列三点需要注意。

第一，尽可能地为客人多准备几种饮料。比如，有人喜欢喝咖啡，有人喜欢喝茶，有人喜欢喝矿泉水，有人喜欢喝可口可乐之类的饮料，这些都需要因人而异。像我肠胃不大好，不大喜欢喝汽水，也不能喝咖啡。喝了咖啡，不仅睡不着，而且胃也痛。我比较喜欢喝热茶。很多时尚一族还喜欢喝矿泉水、纯净水，它们又干净、又环保、又卫生。在有可能的情况下，不妨多给客人几种饮料进行选择。

第二，努力照顾一下客人的口味。除了多作准备外，还需要知道客人尤其是主宾爱喝什么。客人很多，自然众口难调。如果就来那么一两位客人，而且又知道他们的具体口味，就没必要搞一堆人家不爱喝的东西。

第三，讲究上饮料的具体顺序。上饮料时一般的做法是：先宾后主，先老后幼。同样是主人，同样是客人。比如，你的爷爷也在，你也在；我的爸爸在，我也在；上饮料时就要先宾后主，先长后幼。我们如果是客人，饮料就要先给我们上。具体做法如下：先给我爸爸，再给我，然后给你爷爷，最后给你。有时，还要讲究先女后男，这是对女士的一种尊重。那么，如果碰到老幼和男女均有的场景应该怎么办？那时就要先考虑老幼，后考虑男女。

此外，热情待客时需要关注的最后一个环节是什么呢？顾名思义，迎来送往的最后一个环节就是告别。客人走的时候，主人的家里人都要站起来送一送，至少要送到自己家门口，可能的情况下则要送到电梯门口，或者大门口。必要的话，远道而来的客人要送到机场、车站或者码头，要做到有始有终地善待客人。那时不仅要送，还要跟对方道别，并且要握手为礼。

刚才我们反复强调接待客人要热情友善，那么怎么来具体体现这一态度呢？此刻有以下三点注意事项。

第一，专心致志。 客人到你这儿来，是你请他来的，所以招待客人时不能三心二意，用心不专。我有一次到朋友家去做客。到了之后，他说我们来看电视吧，让我陪他看了一场球赛。如果你爱看你就自己看算了，干吗让我到你家去看呀？我要是他，就把电视关了，或者让家里孩子看、老婆看。让他们看，我们去谈话。像他那样的做法，给别人的感觉不好，三心二意、对客人爱搭不理的。还有人家里客人来了，自己却与外人用电话聊上了；或者跟这边的客人说，那边来了客人，我跟他先见见去。这样做都不大好，待客时一定要专心致志。

第二，热情相待。 这是待客的核心要点，对其具体操作时，要强调的则是和客人互动。在家里，跟客人进行交流最重要的就是谈话。那么，宾主之间谈话的主角是谁呢？当然是主人，气氛由他控制。主人要善于交谈，不要冷场。主人不仅要谈得热情，表现友善，而且在整个待客的过程中都必须始终如一，热情不减。

第三，检点表现。 在客人面前，主人切勿我行我素，而是一定要检点个人举止表现。比如，不要在客人面前骂孩子。中国有句俗话说"打狗还要看主人"。来了客人，你当着对方的面把孩子骂一顿，你是教训孩子呢，还是骂给人家看呢？你在客人面前说着话，却突然皱起眉头来。你可能是自己肚子疼，可人家不知道你是真疼还是假疼啊，人家心里怎么去想？

以上三点，是待客时的总体要求。它的主旨是：待客时，主人必须要善始善终，并热情有加。

第 7 篇

书信往来

在现代社会中，人们的工作越来越繁重，人们的业余生活越来越丰富。大家可选择的交际方式和沟通手段花样翻新，层出不穷。在这样的情况下，出现了一个新问题：书信要不要写，应该如何写？过去古人对书信是非常看重的，有道是"烽火连三月，家书抵万金"。实际上，目前不管社会如何发展，人们的沟通交际手段如何进步，书信仍旧是不可替代的。一般而言，书信具有以下三个作用：

　　第一，容易收存。现代社会，一条手机短信息可以迅速地传递过来，比书信迅速得多。但是，手机自身内存的容量有限，总是要旧的去、新的来，否则你的手机就没办法保存。E-mail可以保存许多信息，但电子邮箱容量同样有限。而书信则不同，它是实物，它可采用多种具体方式加以保存。

　　第二，传递感情。书信会有一些附加的因素在内，比如，信纸的色彩，信封的样式。女孩子有时候在信封上喜欢选择卡通、花蕾的图案。在选择信纸时，她们写情书的时候，喜欢用带香味的或者一缕清香的彩色信笺。这些都是她们精心选择的。诸如此类，好像电子邮件还可以考虑，手机短信则没有多大可能。但它们都没有书信那样令人感觉好，可以睹物思人。

第三，真情实感。一封好的信件，就像一件艺术品。它有情感，它有文字，它有书法，它有内容，它可以各种各样的形式声情并茂地表达情感，这个恐怕是那种千篇一律、格式严谨的电子邮件或手机短信息所永远无法替代的。

现代人的沟通手段尽管多了起来，但也有人懒得动笔写信，甚至连一封信都不写了。我曾对我的学生们要求：一定要每个星期给爸爸妈妈写封信，要多写一些，而并不是因为有事才写。在信里，可以说说你的学习，谈谈你的生活，与他们交流一下你的生活和情感。它对父母们来说，就如同见到了自己的孩子一般，会觉得非常亲切。当然，有些人在这方面的表现得比较差劲儿。

有一天，一位家长跟我说，孩子给他写了封信，信上只有三个字："爸：钱？寄！"难道父母是印钞机吗？就算需要钱，也要写个理由，要具体明确一下：要多少钱，怎么寄过去吧。这些都要写上，否则，就是不尊重父母啊！

书信的写作，从礼仪上来讲，大体上可分为以下两个问题。

第一个问题：信文的写作。一封信主要分为两个部分：一个是信封、封皮，信封上面的文字我们叫封文。另一个则是信里面那个瓤儿，信纸上写的东西我们叫作信文，或者叫笺文，它写在信笺上。从总体上来说，信笺是书信的基本内容。

第二个问题：封文的格式。封文的格式，在此指信封上那些文字的具体格式，以及寄交信件、收到信件时所要注意的问题。

书信礼仪主要就是由这几个具体的部分所组成的，其中最重要的还是信文的写作。它是重要问题，写信时每个人都需要注意。

书信是情感沟通的桥梁。在书信中自己所要表达的真情实感方面，我们应该注意哪些问题呢？主要有以下两点：其一，真实、认真、准确地交流信息。就是要尽可能把你的所思所想认真地、准确无误地、及时地传递给对方。其二，一定要注意内容的规范性问题。不可乱写，不宜妄为，否则会词不达意，招致误解。

首先，我们来谈谈信文的写作。信文，即信里面的主要内容，我们一般把它的具体写法叫做信文的格式。信文格式是什么样的？就是一系列的条条框框，就是必须遵守的写作信文的基本规则。实际上，它就是信文的标准化写法。从基本内容上来讲，信文的具体格式涉及到以下三个点：

第一，信文的前段。信文的前段，实际上就是老百姓所说的信的开头。一封信你总得有个开头，明确信是写给谁的，它要谁去读。信文前段大致上可分为两项：其一，是对收信者的称呼。比如，"爸爸"、"哥哥"，或者"王经理"等等，都要有个称呼。其二，是问候语。比如，"你好"，"别来无恙"，等等。在一封书信里，称呼一般的标准写法是写在一封信的最前面，通常从第一行开始写。我们现在的信文一般都是横写的，所以第一行要顶格，即不空格。接下来，一般要写对对方的问候。问候语可以在称呼后面接着写，也可以另起一行，空两个格写。但是，二者都是独立成行成段的。也就是说，其他内容不跟它连续。

第二，信文的中段。此部分，就是一封信中间的部分，是传递信息最重要的部分。在这一部分，有以下这么几个点要注意。一是叙事要清晰，二是内容要集中。一封信，最好就是一事一议，所叙事件别太多。你说完东又说西，结果什么也没说清楚，让人如坠云雾，摸不着头脑，就劳而无功了。再者，为了表示条理清晰，最好是多分行，多分段。我曾经收到一位同志的信，从头到尾几千字，但就两段。第一段是问候语："金教授你好"，然后一段就直接写事儿，连自己的署名落款都放在那个大段落里去了，把我都看晕了。整整三页纸啊，上百行，根本不分段。而且有的句子很长，有几百个字。读起来拗口，难为我啊。看起它来真的会有主次不分、头绪莫辨的感觉。所以说，信文中有两点一定要注意：一个是要清晰，另一个是要集中。

第三，信文的后段。这一部分，指的是一封书信的收尾之处。它通常并无多少实质性内容，但其格式上的要求却非常之多。一般人写起来信文，容易出的问题就是在信文的后段。信文的后段，一般又由下述几个具体部分所构成。

其一，结束语。结束语可以在中段的后面跟着写，可以单独成行，也可以不必单独成行。在一封书信里，结束语就跟我们要说再见差不多。

其二，祝福语。结束语就是告别语，然后就是祝福语，顺便表达自己的祝颂，例如，多多保重、祝贺春节、元旦快乐，等等。祝贺语一般怎么写呢？它有两个写法：一个写法就是在信文中段的最后，在结束语后面直接写。还有一个写法，即分两行来写。首先这一行不顶格，空几格，然后写："祝您"，或者"谨祝"。下面就顶格另起一行写。比如，"顺祝"，这是头一行，前面空几格，然后"春安"则顶格写在下一行。

其三，落款语。落款语，即这封信是谁写的。落款语具体又包括两项：一个是写信者的姓名，一个是写信者和对方的关系。比如，我给我爸爸写信，落款就会写：儿子某某某谨上。表示晚辈和长辈的关系。然后，再写上日期。在有些情况下，如果长时间不通信，就要写上年月日，至少要写月和日。这样对方跟你认真起来，他才会知道这封信是你什么时候写来的。

其四，附问语。附问语，通常是对收信人身边之人的问候。比如，我写信给你，你是一位女士。我跟你年龄差不多，我跟你是同学，你正在热恋之中，或者刚刚结婚。我是男士，我担心你的男朋友看了这个信之后，会产生别的想法。出于一种礼貌，或者考虑周全的想法，我会顺便问候你的男朋友。我可以在中段结束之后，或者在落款语前后写上一句话，顺便向你的老公转达我的致意，顺便问你的爸爸妈妈好，顺祝你的家人康泰平安，等等。像这样的一句话，就叫附问语。

其五，补述语。当你写完了信，突然想起来还有一些内容没有写上去。书信不可能像电脑那样，随便插进去一段。写信时，你总不能在其中间剪去一段，然后再贴上去另外一段。反复打补丁，肯定不合适。所以我们就需要在信的末尾写上一些内容进行补述，此即补述语。在写补述语时，需要注意以下两条：

首先，一般可以不写。每一封信，都应该是在认真地进行了谋篇布局、深思熟虑之后再写。你在此后加一个很长的补述语，给人的感觉就是想说哪儿就说哪儿，一点也不严谨。当然，实在有事需要补述也是应该写上的。写的时候，应尽量简短，别太长。一般的补述语只宜叙述一两件事儿，别补述的事情太多。

其次，不要写到天地之间去。补述语一般都是写在信的最后，即落款之后，并应单独成行、成段去写。不要在信纸最上面写一段，而后想起什么事又在下面写上一段。左边写一段，右边再写一段，那样子给人一种乱七八糟的感觉，那样这封信就不美观了。

其六，附件。有时候信里面还会加一些附件。比如，公务往来，会夹上某些文附。有人推荐你到别的单位去，会在推荐信中把你的个人简历也一起寄给对方。那么，在信的后面就会注明：后附某某同学个人简历一张，请参阅，阅后退还。这些必要的说明，都要在信里交待清楚，否则人家就可能用碎纸机把它处理掉了。附件使用的时候，要注意的有如下两条：一是不要有碍信件的携带和交寄。附件太重了，不行；比信本身还重，更不行。二是要遵守国内、国外以及国际邮联有关邮寄信件的一些基本规则：不要夹带现金，不要夹带贵重物品，等等。否则丢了之后，后果自负。这是常识。

以上，就是有关信文书写方面所应该注意的一些事项。**接下来，我们再来谈一谈有关信封格式方面所要注意的一些问题。**

我们一般把信封的书写格式叫做封文的格式，它具体是指信封的标准化写法。对此问题若不注意，就会出现一些麻烦。比如，有时候，经常会有同志在信封的封文上乱写称呼。我在上大学的时候，我老爸给我写信，上面写着这样一个称呼："金正昆同志收"。这信居然在我们宿舍相互传阅。因为我跟他们说写信的那个人是我爹，大家不相信，说哪有爹叫儿子"同志"的。我就问他们的父亲是怎么写的，他们就说都是写：某某儿子收。我说，其实那样写是不规范的。严格地讲，封文上的称呼是有特定含义的。请注意，收信人后面的称呼是给邮递员或带信人使用的。比如，邮递员把我爸爸写给我的信送到我这儿来了，上面写："金正昆同志收"，就是请邮递员到时候称呼我"金正昆同志"。对方有时候不清楚我的性别，可以写："金正昆先生收"。我爸爸写信给我，有时候也写："金正昆先生收"。这正是懂得礼仪的人才这样写的。

无论如何，在信封上写收信人的称呼时，都不能写什么某某老爸收，某某儿子收，某某泰山大人收，此类写法都是不合适的。那么，正确的封文格式是什么样子的呢？

正确的封文格式，中文和外文，汉语和少数民族文字都有着不同的书写方法。我们首先谈一谈中文的封文书写格式。

中文封文的格式，与英文封文的格式有所不同。英文的封文内容是自小而大书写，恰与中文封文的习惯做法相反。我们中国人写信封时往往这么写：河北省保定市、某某区、某某街道、某某人收，我们的收信地址一般都是这样一种格式。英文的封文的书写习惯则相反：某某人、某某街道、某某区、某某市、某某省、某某国，它是个人在整体前，地方在国家前，像这样倒着来的。

下面，谈谈中文封文的标准写法。

根据标准的、中文的、横写的信封文格式，收信人的具体称谓一般要规范的写在信封正面的上方。它应大体包括以下这几项内容：

其一，邮政编码。在信封上写清楚收信人的邮政编码非常重要，这既是为了保证你的信件准确地到达收信人的手中，也是对邮政人员的一种尊重。有人图省事儿不写邮政编码，还有人乱写，那样都会导致信件丢失，或者不能及时地到达收信人的手中。所以，一定要准确无误地把邮政编码写出来，它有助于邮件的合理化、科学化分拣，是必不可少的。

其二，收信人的地址。在封文里，收信人的地址必须予以明确。通常先写省、市、县、区或者乡镇，然后是街道名、门牌号码，这些都要写。有些人写的不明确，就很唐突。比如，有人给我写信，信封上这么写："北京市人民大学金正昆"。实际上应该写的是"北京市海淀区中关村大街 59 号中国人民大学"。这样就会更快地到达我手里。特别是快递邮件、特快专递之类的，不写清楚的话，人家还得折腾半天。像人民大学这样的大单位还是比较容易找的，要是小地方就不好找了，因为有些街道名称往往是重复的。像北京的黄庄，有好几个，什么六郎庄，什么八王坟，都有不止一个，所以要写准确，要把街道、号码都写上，大概就不再会有重复的了。仿照惯例，上述两项内容应写在信封正面的左上角。

其三，收信人的称谓。收信人的称谓，即收信人的姓名，一般均应写在信封的正中央的位置。此部分内容具体需要注意三点：首先，写在最中间的是收信人的姓名；其次是供邮政人员或者带信人所使用的、对收信人的称呼；最后，可以写个"收"字，当然，这个"收"字写不写都可以。还有人喜欢写得文绉绉一点，"启"或者"亲启"，后者的意思是不准别人拆看。

封文的另一项是寄信人的落款。其具体内容包括寄信人地址、寄信人姓名、寄信人所在地址的邮编等三项。它们均应写在封文的右下角。寄件人地址跟收信人地址差不多，首先要写：省、市、县，或者乡镇的、街道的号码，然后再写自己所在单位和部门。如果没有特殊原因的话，寄信人的姓名要写全，你不要写什么金寄，或者刘寄，说实话，姓金的和姓刘的都不少。像我们单位，姓金的就有两三个吧，而你的单位可能会有几十个姓刘的，谁知道你是谁啊！万一信件被退回来，姓名不详怎么办呢？所以一定要写全名，尤其是挂号信。挂号信不署全名的话，邮政人员就不会为你进行办理。

在封文里，通常还有一项可有可无的内容：补述语。即在信封上所写的补充、提示之语。没有必要的话，补述语可以不写。尤须注意：在封文上面，补述语一定不要乱写。比如，有些人信文的附问语、补述语没写完，就把信封贴上了。之后猛然想起还有事儿没交待，随手就在信封背面写两句，这是不好的。还有人喜欢写点警示语，什么"内有照片，请勿折叠"，这个还可以接受，但也没什么必要。因为我们现在的邮政从业人员，没有人会去折叠信件的。至于在信封背面再写上一首打油诗，或者写上一个段子，就大可不必了。

从总体上来说，有关书信格式方面的礼仪规范问题就是以上这些内容了。**下面，再讲一些通信技巧方面的操作性礼仪规范问题。**

分两个方面讲述：一是写信者的基本规则；二是收信者的重要须知。

首先，我们来谈谈写信者的基本规则。在国际社会，有一项非常基本的通信法则，即欧美人士概括出来的"五C法则"。"五C法则"实际上主要是提醒人们：书写信件时，有五个跟"C"有关的问题是需要你考虑的。

第一个"C"，注意礼貌。即始终要礼貌——"Courteous"。

第二个"C"，注意清晰。即叙述要清楚——"Clear"。

第三个"C"，注意简洁。即语言要简明——"Concise"。

第四个"C"，注意完整。即内容要完整——"Complete"。

尤须强调：一封书信一定要内容完整。该说的事儿没说，不必要说的事儿说了，这样就不大好了。举个例子：你兄弟姐妹四个，你在外地，老家还有其他三个兄弟姐妹。你写封信给大哥，让大哥问候二姐、三姐比较好。否则，你给大哥写信，只问候三姐，把二姐给落掉了就不妥当。再比如，你给我写信，你说："金教授，你的来信我收到了。"你收到的是哪封信啊？你应该跟我说清楚："金教授，今年5月2号的来信我收到了。"这样就比较完整了。

第五个"C"，注意正确。即书写要正确——"Correct"。不要写错别字，不要写别人看不懂的字。比如说，繁体字、自造字，或者自己随便写的字，都不该使用。有些同志写的信亦中亦洋，有的人不会写某个字，就胡乱找个字代替，还有的人用汉语拼音代替，诸如此类，都不大好。

以上这五个问题，应该是我们书写信件时需要注意的问题。与此同时，发信时要注意的问题亦不可忽略。

其一，要遵守基本的邮政规则。比如，超重之后需要增加邮资；不能夹带的东西不要装进去，例如，现金、贵重物品，等等。丢失的话，需要后果自负。

其二，信纸放在信封里一定要折叠整齐，不要乱塞。比如，你把信纸塞到信封里去，折成一叠也好，两叠也罢，离前后两端都要留一点距离，否则对方在拆开看时，就有可能把信撕坏。我们有时往往会收到这样的信，信纸与封口粘到一块儿去了，拆开后的书信就不完整了。另外还要注意，不要把信纸叠得太艺术性。有人折信的技巧太复杂了，拆启的时候比较麻烦。

其三，邮资一定要贴足。邮信前必须搞清楚：十克是多少钱，二十克是多少钱，五十克是多少钱，一百克以上又是多少钱。一定要注意，否则寄出去的信又会被退回来，会耽误事情的。还应注意：寄到本市的信件与寄到外地或海外的信件邮资有别，平信与挂号信、航空信、明信片的邮资通常也相差甚大。

其四，邮票要粘贴到位。一般来说，我国的标准信封，邮票邮资是要贴在信封的右上角的。一定要把它端端正正地贴好，表示你做事认真。有人歪着贴邮票、斜着贴邮票，还有的同志一大排的邮票都贴到信封后面去了，甚至有人倒着贴邮票，显然都不合适。邮票要贴在规定的地方，实际上也是为了方便邮政人员处理邮件。否则人家还得翻过来找，无形中会给对方增加了很多不必要的麻烦。

其五，信封要封闭严紧。交付邮寄的信件，事先一定是要封好的。托人携带的信件可封可不封：我托你带信，是出于对你的信任，故此可以不封口。当然，要是情书之类，或者信里有不想让人家知道的事儿，最好还是不要让人家带。有一天，一位老兄让我帮他带信。信封两边都封着胶带纸，然后还画上那种防止拆启的勾儿。这种做法，会令人产生既被信任又不被信任的感觉。

接下来，谈谈收信者的重要须知。即收信时所要注意的一些问题。

第一，要遵守法律。国家保护公民通信自由，是写进我国宪法里的，所以不能无故扣压别人的信件。过去一些人缺乏这样的常识和法制观念，经常有老师扣压或者私拆学生信件的事件发生。还有一些朋友只是为了开玩笑，就把人家的信件拿走了，想了解人家恋爱的内幕。玩笑没有这么开的，公民通信自由是受到国家法律保护的，我们都要具有这样的法律意识。

第二，要收到即复。有来有往，礼仪之道嘛。收到别人的信之后，要及时回别人的信。通信，也讲究来来往往，有来有往。一些人认为自己收到的信越多越好，自己要回的信则越少越好。有些人写信骗对方说："收到你的信很久了，一直想回信给你，但是没时间啦，现在这封信是在开会时写的呀。不好，领导向我走过来了，就写到这吧。"其实你只要晚上少吹个牛，少看会儿电视，抽时间写一封回信好像并不难啊。所以，收别人的信一定要尽早回复。其内容可长可短，但一定要及时回复别人。实在来不及的话，先回上一个短信息，发个 E-mail 也可以呀。

第三，要认真阅读。收到别人来信后，务必认真地进行阅读。别人所托、所要求的事情，能办就办，不能办也要及时给对方一个回复。此外，别人的信件要认真妥善地收藏。需要保留的，就保留起来作为资料。不需要保留的，可以用碎纸机处理，或者通过其他的方式处理掉。不要乱扔别人来信，不要当成破烂卖掉。还要注意：出于对发信人的一种尊重，别人信中所言及的内容，不要进行公众传播。举一个简单的例子：比如，你是一个小姑娘，人家小伙子追你，这实际上是对你的一种爱，一种友善，至少也是一种尊重吧。你可以接受他，也可以不接受他。不接受他的话，也没必要广而告之：谁谁追我了，谁谁说了什么啦。如果对方知道了，会觉得很受伤害。

第四，忌公布于众。人家给你写的私人信件，未经对方允许，不宜当众传阅，尤其不允许公开发表。别动不动就把人家给你写的一封私人信件写到自己回忆录里面去了，或者在小说里面引用了。那样做，必然是对发信人的一种不尊重。上述这几点，都是我们收信时要注意的问题。

第 8 篇

电子信函

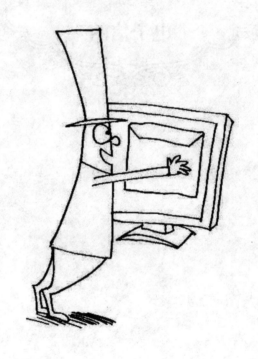

在现代社会中，人们越来越多地运用传真、电子邮件和手机短信来进行联系。那么在我们普遍使用的电子信函上，礼仪方面有什么具体要求呢？本篇将对此进行较为详尽的探讨。

电子信函，在此是指传真、电子邮件和手机短信等利用电子媒体传递信息的方式。它是现代人，尤其是年轻人所喜爱的一种时尚的沟通方式。有时候我们也会被动地去参与。像我本人眼神儿不太好，有的时候是能手写就不用电脑，能口述就不发手机短信。但有的时候，比如说，通知接待者，我到达的时间、地点、接机的班次。你嘴上说，对方一下记不住那么多，没有笔怎么办？那就不得不发短信息了。所以我经常给别人手机发短信息。

那天，我到广州，碰到一位女同志。她告诉我说，是我逼着她发短信的。因为她从来不发短信，但当我要求她发短信时，她就被动参与了。所以说，电子信函，是我们现代人不得不面对的一种非常时尚的沟通方式。除了前面所谈到的手写书信时要注意的一些礼仪规则之外，在电子信函方面我们也要对一些具体的礼仪规则多加注意，否则就会引来不必要的麻烦。使用电子信函时，从总体上来讲，有这么几个礼仪问题需要注意：

第一，简明扼要。不论手机短信，还是电子邮件、传真，要么费用昂贵，要么篇幅有限，都不可能长篇大论。而一封非电子信件则可以写得洋洋洒洒，尽情地书写；写情书可以写个八百页；写重要的外交信件、照会或者备忘录，甚至可以写一本书出来。但是，手机短信就只能写那么几行，传真不宜页数过多，电子邮件也是忌讳长篇大论。所以电子信函要求简明扼要，篇幅不宜过长，言简意赅为佳。

　　第二，严谨准确。电子信函要求简明扼要。写电子信函时，不一定非要滥用文言雅语，但并非可以忽略其严谨与准确。至少你写完它之后要再看一看，以确保其意思表达正确。

　　曾有一位同志给我发过一条短信，绝对是匪夷所思，其内容是："亲爱的，狗在屋子里，钥匙丢了，赶快过来替我救救我们的宝贝。"署名"丽丽"。这个人我根本不认识。偏偏那天手机放在桌子上，我让我老婆帮我看看，因为我眼神不好，手机的屏幕有时一反射，我看着就不舒服。她当时一看就念出来了，并且指着它问我："丽丽！这个丽丽是谁？"我说我向毛主席保证，不认识这个丽丽。她说你一定要说清楚，这个丽丽到底是谁。我也没办法，我说反正手机上有号码，咱们照着号码打过去吧。我老婆就让我打了过去，结果那位小姐还把我训了一顿。她说你找谁呀，我说我找你呀。她问我认识她吗？我说不认识；她训我：不认识干嘛打过来！我说你给我发过来一条短信，让我救你的狗。她一听，马上说不好意思，发错了。原来，她男朋友的手机号码跟我的手机号码只有一个数字不同，是她自己搞错了。

由此可见，使用电子信函时，一定要注意严谨和准确的问题。

第三，一事一议。撰写电子信函时，最好是一信一事、一事一议。需要交待的事情，只要交代清楚即可，一定要避免长篇大论。必须明确：电子信函并非散文、诗歌或小说，切勿过度地追求其词藻、润色与修饰。其所述的具体事宜，宜为单一，切忌又多又繁、主次不清。

第四，时效性强。"非典"的时候，大家利用电子信函开了不少玩笑，表示我们蔑视疾病的态度，人定胜天的英雄气概。现在，你再拿"非典"时期的段子开玩笑，在手机短信上发送它，是不是就没什么意思了？中秋节的时候，你可以发有关中秋节的手机短信息，也可以发祝福中秋节快乐的电子邮件、传真。如果不是中秋节的时候你再把那些东西发出去，中秋节已经过去了，就没什么意思了。在此方面，绝不能以不变应万变。有人给别人发信息时，为了图省事儿，直接转发旧的或人家发过来的，我也这样做过。一开始还觉得省事儿，他给我发一个，我也发一个。有时候偷懒呢，比如人家信息后面的署名我没看见、

153

没删掉，就直接转发出去了。请试想一下，是不是接收者看到它的感觉不会太好？有些人就抱怨过：能不能原创一个啊？

但要注意，还要遵守法律和社会公德，比如，网络信件、传真、手机短信等等，不能传播有损我国社会制度，有损国家形象以及一些格调不高、淫秽低级、以讹传讹、制造谣言、黄色反动的信息。你给我一个邮箱地址，我可以给你发一些关于专业方面的信息，或者学术交流活动方面的邀请函。但决不能给你发黄色信息，那样做有违社会公德。像在"非典"期间，有些人在互联网上散布谣言，什么要封城了；什么某地有几千名患者了，成批死亡了之类的；造谣惑众，弄得人心惶惶。这是当时在京人员大量外流的一个重要的原因，也导致了我们控制疾病的时间加长。

从总体上来讲，书写电子信函时一定要注意以上这样一些问题。

但从具体上来讲，传真有传真的要求，电子邮件有电子邮件的要求，手机短信有手机短信的要求，此外还有其他一些方面的问题，这些都需要具体问题具体分析。

现在，人们拥有多种多样的传递信息的方式。对其加以使用时，一定要考虑传真、电子邮件以及手机短信等等不同媒体的具体要求。我们下面就事论事，就目前人们所使用最普遍的这几种现代通讯方式来谈一谈它的具体的礼仪要求。

首先，来谈谈传真的礼仪规则。传真，是利用光电效应、传真设备产生的一种文字、图表传递的方式。虽然电子邮件大有后来者居上的态势，但实际上传真在很长时间内还是不会被替代的。我个人就经常使用传真。比如，一份会议通知。如果通过互联网发送，我如何拿给领导看呢？怎样签名、盖章呀？而传真就不同了，它可以使用公文纸，上面有公章，我把它拿去给领导看，就比较正规了。再比如，传递一份合同，一张图表，利用传真就非常迅速，否则你把它拷贝到互联网上去，手机短信发不了，上网也很麻烦。因此，至少在近期传真不会被替代。

使用传真时，从礼仪上来讲，需要注意下列三个主要的问题：

第一，要篇幅短小。传真的具体篇幅，一定要短小。因为传真费用相对比较昂贵，尤其是你要对方到公共传真机上去收发传真。比如，从北京发往外地，一张大概要四到六块钱，接收一张也要两三块钱，所以内容太多的话，就不大划算了。有一次，一名外地学生要报考我的研究生。我就让他把个人资料用电子邮件发过来，他说利用网络怕有问题；我说寄过来吧，他说怕丢；我说干脆发传真吧，又快又不会丢。谁知一下传了两百多页，双方都花了不少钱。所以要注意，出于节省双方开支的考虑，传真的具体篇幅一定要短小，不到万不得已大可不必使用传真。

第二，要注意安全。以前，我们曾谈到过手机使用时的信息安全问题。在此问题上，实际上传真机也与之相类似。因为你使用传真所传递的信息，很有可能被别人看到。如果是国家机密、行业秘密、个人隐私的内容，最好不要使用传真机传递。换言之，使用传真机时，一定要确保相关的信息传播出去不会威胁到国家安全，不会有碍自己的经济利益，也不会有损个人的隐私，否则最好三思而行。

第三，要操作规范。使用传真机时，必须要注意操作规范。首先，你留给别人的传真号码应该是能用的。确有一些人留给别人的传真号码是不能用的。我就遇到过这种事。

有一次，一位朋友让我传一份文件。但他给我的第一个号码不能用，说是机子坏了；用第二个号码传，第二个还是不能使用；最后换了个公共传真机才搞定。切切牢记：你留给人家的传真号码要是不能用的话，会很麻烦、很折腾人家的。如果是使用无人值守的自动传真机，你需要提前特别注明或声明一下。

其次，发送传真之前，一定要通知对方一下。比如，认真地提醒对方：我现在要给你发一份传真，请注意接收。否则某些非自动的传真机没开机的话，材料就不能传过去。再者，你收到了我的传真之后，也要给我一个回音，以免我一直惦记它的着落。

我曾经遇到过这种事，你给某人发一份传真过去，他不吭气，不告诉你是否收到，让你干着急。我这人做事儿比较认真，总怕误人家的事，五点钟给他发了，六点钟没回音，八点钟没回音，第二天早上八点还没回音，打个电话问一下吧："老王，那个传真收到了吗？"答复是早收到了。我问那为什么不跟我说呢？没想到人家却说："无所谓了，反正丢不了。"

这样做，真的不大合适。这是不尊重别人的表现。你需要经常设身处地地考虑别人的感受。

再次，还要注意，收到对方传真之后，需要进行及时地处理。

但凡传真过来的文件，一般都是比较重要的内容。因此不要将它在一旁搁置。该报的报给上级；该传达的传达给下级；该处理的要及时处理。报、传、处三个具体环节都需要规范化操作。

最后，传真时还要考虑所传递的具体内容是否完整与清晰的问题。 因为传真设备的使用和光电效应的问题，传真之后的字迹和图表经常会失真。这点一定要考虑，要看看自己所收到的传真有没有字迹不清晰、内容不完整的地方。

比如，我在外地开会或者参加学术活动，经常有记者采访我。他用信寄给我的报纸校样有时候不能够及时到达，所以应我的要求，在其发稿之前，往往把校样先传给我一份，征求一下我的意见，这也是对我的一种信任。但有时候传真过来的文字能看清楚，而照片却一塌糊涂。有一次，我到外地去参加一个活动，记者采访我，后来出的报纸我也看见了，上面刊有我近年来照的最好的一张照片，我这人不大上相，难得有那么一次上相的机会。但是当时记者把报纸传真给我的时候，它却是一块黑，我根本没发现自己的照片在哪儿。所以在使用传真时，你一定要考虑到文字和图表可能会失真。除了失真以外，还有一点，就是传真的资料不大容易保存。它的字迹到了一定时间就自己消失了，或者不清晰了。所以重要的传真文件要及时对其加以处理，要制做副本，要拷贝，否则就会耽误事儿。

下面，我们接着来谈谈使用电子邮件的礼仪规则。

第一，不要滥用。 有一点很重要，即不要滥用电子邮件。换句话来讲，就是要有事才用、有急必用；不急、无事，则不要用。我们注意到，现在人们很喜欢在虚拟的网络空间里畅谈理想，发表高论，宣泄情感，寻找至交，以及其他一些不同功利性的考虑。现代人都有自己进行选择权利，我们不好去非议他人。但一般就电子邮件而论，它其实是一种沟通、通讯的手段。既然如此，就要在对其使用时认真兼顾以下两点：

其一，有感而发，有事而发。此点乃是人们在收发、处理电子邮件时的基本的礼仪。当有人发电子邮件给你时，你要有来有往，回信给对方。在常规情况下使用电子邮件时，要坚持有事才去发，没事的时候就算了。

有一天，一位同志发邮件跟我说他有件事儿想跟我谈，问我能否和他通话。我很认真，看完邮件之后，就跟他通话了。我说你有什么事儿啊，他说想问候一下我，我说了声谢谢，通话就完了。过了两天他又发邮件过来，说还想跟我说一件事儿，我还是很认真地对待，我又拿起电话，问他有什么事儿，他说还是想再问候一下，其实也没有什么大不了的事情。

他给人的感觉好像是太寂寞了，结果把我变成了他的陪聊的对象了。

其二，不要让你的邮件成为垃圾邮件。我们每天把电子邮箱打开时，往往会发现大量的邮件充斥其中，有时候甚至会"爆箱"。该来的没发过来，不该来的却满邮箱都是。这主要是因为某些不自觉者滥发邮件所致，所以不要乱用它，不要把没有任何实际内容的电子邮件乱发给别人，尤其是不要把它乱发给陌生人。不要使之成为了垃圾邮件，或使自己的电子邮件成为骚扰别人的东西。此点是很重要的，因为垃圾电子邮件和生活垃圾一样讨人嫌。

第二，要内容简短。此项要求与传真要注意的问题相类似。一般而言，电子邮件的主题要明确，而且通常应当只有一个。其具体内容，则宜短不宜长。一般来讲，它有一个页面就足够了，不要让人家反复去翻动。否则主次不分，令收件人难测虚实，甚至感到厌烦。

第三，要信息真实。不要在电子邮件中传递不真实的信息、哗众取宠的信息、以讹传讹的信息、有碍社会或公共安全的信息，这一点非常重要。电子邮件中所传递的信息，应以真实为第一位的要求。不仅自己不能制造虚假信息，而且也不能主动传播、扩散来自别处的不真实信息。

第四，要讲究公德。使用电子邮件时，一方面不要骚扰别人，另一方面则要注意公私有别。要做到：私人电子邮件用私人电脑发，公务电子邮件用公务电脑发。我们经常看到有这样的人，把公家的电脑当自家的电脑玩，上班时间发短信，使用公用传真机传自己的信息，这都是假公济私、用心不专的表现。还有个别的人，使用公用电脑发电子邮件，这让别人感觉有占小便宜之嫌。比如，我们前面讲到信件的问题，有一种非常让人看不过去的情况：就是使用公用信笺来进行私人通信，占小便宜。你缺这么点钱吗？这是很不应该的。

第五，要格式规范。具体使用电子邮件时，尤其是撰写电子邮件时，务必要令其格式符合规范。此乃通讯的普遍性要求。比如，你写信要使用标准信封。信封不标准，科学化的现代通信设备就无法通过，它就会被退回来误事儿。电子邮件也有类似情况，否则操作起来会有难度。

大体上来讲，使用电子邮件所要注意的问题就是以上这些了。

除了每天收发电子邮件和传真以外，目前很多现代人都是手机短信迷。**手机短信的使用也有一些人人需要关心的注意事项。**

人们把喜欢收发短信的人叫做"拇指一族"，我最近也成为其中活跃的一分子，每天收发的短信大概会有上百条。有时候短信息也确实帮了我很多忙，让我感觉到越来越离不开它了。从公务礼仪的角度来讲，我认为手机短信息的使用至少有以下四点需要掌握的基本规则。

第一，要双向使用。不是每个人都会使用手机短信，也不是每种手机都能收发手机短信。有一回，一位老兄给我发了一条彩信。当时我的手机不能接收彩信，所以就没有收到。像我老爸也有一个手机。但是他老人家的手机并没有收发短信的功能，是比较老的机种。老人家节约，说能接听就行了。我老婆给他发过好几次短信。有一天，她悄悄跟我说，老爸怎么不给我回短信？给他拜年也不理人家。我说你没弄清楚吧，爸的手机根本没这个功能，是最原始的那一代。它就能接打电话，再没有别的功能。所以说手机短信要双向使用，否则不协调，不对称，不能进行有效的沟通。

第二，要适度使用。在正常情况下，发手机短信当然可以，但应有事才发、需要才发，并坚持有收必复。只是不能使之成狂成癖，否则会构成骚扰对方的问题。有的人手闲不住，不收发短信就会难受。我经常看到这样的情景：有人一边说话，一边手指头狂动，甚至口中振振有词。其实他手里往往没机子，只是条件反射，不按信息键他难受。有人有事没事都总是要查看一下手机，像是其生命构成的一部分，成了习惯性动作。总之，手机短信的使用以适度为佳。如果过了头，于人于己均无益处。

第三，要合法使用。在讲到传真机、电子邮件时，我们都提到过，不能扩散不文明的、不道德的、非法的、违纪的、有碍国家安全的信息，以及低级趣味、耸人听闻的信息，会使人心混乱的一些谣言，等等。在使用手机短信息时，此点亦应注意。对此类无益的信息，我们理应不制造、不传播、不相信。这是现代人所应具备的一种基本修养。

第四，要文明使用。什么叫文明使用？简言之，就是不可在外人面前目中无人地使用。比如，我在这儿给你上课，你就不要在那儿发手机短信了。

那天，我在那儿讲课，一个学生表情很严肃，手却在底下乱动。他并没有用电脑，那是在干什么了？我让他站起来，他的手出来了，原来下边摁着一个手机，导航键在那儿导着，正在偷发手机短信呢。

这样做，就是不文明，就有点失敬于对方了。

开会的时候，跟别人交谈的时候，接发手机短信都不好。你说，我在上面上着课，我能把手机拿出来看短信吗？那是非常不合适的。

有的时候，手机垃圾短信也很让人心烦。其制造者、发送者、传播者都是不文明的。有的人利用这个手机短信，发一些什么你中了大奖啦、你中了名车啦、到我这里来领奖吧，这种莫须有的信息。诈骗的、非法的信息有时也有。这样的一些垃圾短信，我们绝对不能信，也不能传播。

第五，要署名使用。当我们发送手机短信息给别人时，切勿忘记署上对方与本人的姓名。署上对方的姓名，是为了表示尊重对方。署上本人的姓名，则是为了说明该信息来自何处。发送手机短信而不署名，其实是十分失礼的。

在现代快节奏的生活中，手机短信、电子邮件和传真都是人们进行日常交往的主要联系工具。在必须使用它们时，我们千万不能因为礼仪不周而影响到彼此之间的沟通与交流，希望大家引以为鉴。

162

第 9 篇

签名赠言

在现代社会中，我们经常会遇到签名与赠言的事情。过去，人们往往强调相交于文字，还有所谓"人过留名，雁过留声"之说。现在，在日常生活和交往中，人们经常会遇到应邀为别人签名，或者索取别人签名的情况。此外，还有赠言，诸如临别赠言、鼓励赠言，等等。

这样就涉及到一些具体的礼仪问题。比如，你给别人写赠言、写签名，文具方面有没有讲究？需要什么样的纸张？应该写在什么地方？有些追星族，一高兴了就写在背上、写在衣服上、写在脸上。还有人抓起什么东西就拿什么写，那是不是符合礼仪，合乎规范呢？这都是有一些特定的讲究的。当然，在狂热的追星族面前，礼仪并不是最重要的。把偶像的名字弄到手才是最重要的。对我们来讲，有些问题则需要不同情况不同对待。

首先，我们来谈谈签名的基本礼仪。不管你愿不愿意，在日常生活中，经常有一种必须做的事情——签名。有的时候，要应邀为别人签名，这属于签名留念的，还有报到签名，等等。你去开会你得签名报到，你去领工资你也得签名支取吧，你去取钱是不是也要签名？从礼仪的角度来讲，签名的书写有下列几个要点值得注意：

第一，要真实无误。简单地说，此项规则就是要求：在你写你的名字的时候，不能乱写、瞎写，不能想些什么就写什么。比如，我叫金正昆，那我在重要场合签名时，人家是奔我的名头来的，我签名就要签："金正昆"。我曾有个笔名，叫做"郑坤"，这可能一般人不知道。我过去很喜欢写点散文、诗歌之类的文章，会刊载在报刊上，有时候的署名则是"一丁"。但是如果人家是找金正昆签名的，我给他签上一个什么"郑坤"或者"一丁"，是不是会给对方以戏弄人家的感觉？我去领工资的时候，我要签上什么"郑坤"或者"一丁"，自己的工资肯定还领不出来呢。所以，签名第一个需要注意的就是真实无误。

第二，要清晰易辨。此项规则的具体要求是：签名之时，一定要把自己的名字写得清楚一些。我们经常会遇到这样的情况：一位明星应邀为别人签名。一开始还是一笔一画去写，后来求他签名的人多了，供不应求，他就写得很潦草。没有比较的话，没关系。若是一比较就有问题了：你看，一开始他给别人写那么清楚，他怎么给我写成这玩艺儿，飞龙走凤的，我不大认识，会产生被敷衍了事之感。这个不好，所以签字要清晰易辨。至少你的名字写在那儿，总得有人认识，不认识不合适。不容争议的是：签名若不清楚、不容易辨认，其本身的存在价值往往就失去了。

第三，要风格独特。在任何一个人的身上，有些东西大概是不容易被仿冒的，比如，他的声音、他的指纹、他的语气、他的字迹。有的时候，一笔一捺、一点一勾，一个字母的书写，甚至一个笔画倾斜的方向，都带有明显的男性或女性、成人或儿童的特征。这一

166

点需要注意。在你写自己的签名的时候，要保持相对始终如一的风格，不要风格多变。换而言之，你给这个人写签名是一个风格，给那个人签名是另外一个风格，你把别人当试验田了，并不合适。此外，一个人的签名若是风格多变，往往还会令人置疑其本身的真实性。

第四，要美观大方。此项规则是要求：签名应尽量令人赏心悦目。签名不能够只追求易辨识、只追求风格独特而不讲究美观，更不可以写得歪七扭八、不堪入目。

有一天，一位同志写给我一个签名，结果签了以后我不认识。你说是狂草吧，不算；你说是隶书吧，也不像；你说是大篆、小篆吧，更不是了。此人姓魏，我问他这是什么字体，他说是魏体。我说我知道魏体字的基本特征，你写的这个不像。他说，此魏非彼魏，二者并不是一回事儿。那是他本人所独创的字体。

其实我觉得他的那个"魏"体签名真的不好看，有信手涂鸦之感，不够美观。

第五，要易于防伪。此项规则的要求是：在设计、书写本人的签名时，要力求其不易被他人所伪造或模仿。举个例子来讲。信用卡签字、支票签字，你就要保持独特之处。某一笔、某一点、某一勾、某一捺，为他人所不知。你若是个公众人物，你的签名就很容易被人模仿或伪造。要采取必要的措施防范出现此种情况，否则人家盗用你的签名，去干坏事儿，岂不是太容易了吗？所以需要具有一种自我保护意识。总而言之，签名的易于防伪是不可或缺的。

第六，要完整无缺。此项规则的具体要求是：你在签名的时候，一定要保持签名的完整性。有的同志为了图省事，人家让他签名时往往代之以一个姓、一个字，甚至仅仅只是一笔或一画。中国人的签名，实际上既包括姓，又包括名。你给人家只签上一个字，比如，我"金正昆"是三个字。首先写个"金"，然后后面"噗"一下子来上一横或者一竖，这是不应该的，也不符合签名本身的完整无缺的要求。

从总体上来讲，上述几个点都是签名时需要注意的。当我们应邀为他人签名时，又有哪些具体方面需要特别注意的呢？以下所讲的就是其具体操作细节的问题。从礼仪的角度来讲，这一方面的细节有四个要点是需要认真注意的。下面，分别来谈一谈所谓"签名四兼顾"。

第一，要有求必应。不管因为工作，还是因为别人对你崇拜和信赖，要求你的签名是对你的一种礼貌，也是一种尊重和信任。尤其是当别人把你当偶像崇拜时，一定要有求必应，轻易不要拒绝对方，因为人家看得起你才找你签名。如果时间允许的话，不应该拒绝别人。此点是必须要注意的。

第二，要注意态度。签名的时候，你要是不注意态度，也会非常麻烦。为别人签名时，在态度上，对男性、女性要一样；对晚辈、长辈要一样；对漂亮、不漂亮的更要一样。特别是作为一个明星人物，在面对崇拜者、追星族的时候，签名时的具体态度理当谦虚、和蔼、热情、友善。这一点若是不注意，有的时候就会给别人一种少调失教、个人涵养不高之感。有的人为别人签名时，签着签着就觉得不耐烦了；还有的人为别人签名时，挑三拣四。此类表现，统统都是不合适的。

第三，要讲究顺序。签名之时，一定要注意顺序。应邀为多人签名时，要讲究先来后到，不能挑肥拣瘦。再者，当你与多人一起签名时，比如，开会时签到、应邀为别人留言时，同辈之间要相互礼让，不要争抢；当你和领导、客人或长辈在一起，需要为别人签名时，务必应该请尊者居前，这也是一种做人的基本涵养。

第四，要位置适当。最后，在签名时，还要注意其具体的位置问题。不知大家注意过没有，签名写在不同的地方，不仅存在着能不能长时间保留的问题，而且还跟签名的价值有着直接的关系。签名完整、字迹清晰，签得到位，就具有收藏的价值和意义，否则就是问题了。如果我要求你为我签个名，我并未具体指明什么地方，我只是拿了个本子，或者拿了本书，你觉得在什么地方签名是比较合适的呢？一般人说是要签在书本的扉页上，实际上它的确是比较合适的一个签名之处。

一般而言，签名的最佳位置，通常有如下几个：

其一，应邀之处。如果不是难以下手，要求签名者的指定之处，即首要的选择。但是，异性之间若是不太熟悉，你请人家在某些部位去签名，人家也下不了手。中国人是讲脸面和羞耻心的。这跟欧美那种"追星狂"的表现不大一样。除非是这种情况，别人要求你签名的地方应当是可以的。比如，他要求你签在他的衬衫、T恤、纪念簿上，那些地方都可以。当然，有些地方并不合适，比如现钞。按照现钞使用的规则来讲，它们的上面都不允许一般人随便签名。只有银行行长、发钞银行的领导才有签名权。其他人签起来，好像有点不伦不类。

其二，适宜之处。比如，签一本书，你应该签在书的正面的扉页上。你倒过来写在书尾则是不妥的。写在版权页上，或者后边的内容简介提要上也不行。这些具体细节，都要注意。另外，还有一个有关多人签名具体位置的问题。举一个例子，你是第三个为别人签名者，前面已经有两个人签名了。既然前面已有两个人的签名，你是不是要谦虚点？按照我们中国人签名的习惯，要分签名位置的高低。如果人家是个长辈，你是晚辈，你就不能跑到人家上头、前面去签。再者，如果是横着签名的话，右边比左边高，所以，你的名字是不能写到人家的右侧的。有的同志，非要踩人一脚，自己的签名写到人家的签名上面去了，或者跑到前面去了，这种做法就有目中无人之嫌。

其三，空白之处。有的时候，替人签名宜选空白之处。与多人一起签名时，尤其应当选择人家所空下来的地方，此处不留名，何处去留名？所以这是我们可以考虑的地方。

一般而论，签名时需要注意的具体细节就是这四个点：有求必应，注意态度，讲究顺序，位置适当。需要你签名是一种礼貌的表示，有时也是你所应尽的一种责任。特别是别人把你当偶像崇拜时，要有求必应，而不要拒绝对方。人家看得起你才找你签名，如果时间允许的话，不应该加以拒绝。

在一些场合，比如说，同学毕业、朋友分离时，我们往往需要在所赠礼物上书写赠言，而不仅仅是签名。赠言写得好、写得精彩非常重要，但也非常困难。正如我们在为他人签名之前，往往需要练练字体，要把字练得美观一点，当我们为别人书写赠言时，通常也需要好好斟酌一番，不能乱来。

我们经常遇到一些人，在给别人书写赠言时，拿起笔来往往无从着手，这样自然不好。还有一些人所写的赠言内容往往匪夷所思、不合时宜，也不大好。

有一次，大家高高兴兴地聚在一起开同学会，说互相写个赠言，作为纪念送给老师吧。大家都写得非常好，什么"师恩难忘"、"留恋

171

母校"、"朋友一场,常来常往"啊。其中有一位同志只写了三个字:
"生活:网。"

这几个字不能说没有哲理性,也不能说不耐人寻味。但是在那
种场合,写这种东西是不是显得自己有一点颓废消极?古人讲:"赠
人以言,重于金石珠玉。"由此可见,赠言的具体内容的选择关乎
格调与境界,因而是很重要的。

我在上中学的时候,正好是在十年"文革"动乱期间,可以说
是路漫漫其修远兮。

当时,我们去务农,不知道今夕是何昔,不知道路在何方?记
得我的一位数学老师送了我一本书。他说,你不论到了哪里都不能
不读书啊。我说,我想读书,但没书读。他说,我送你一本立体几
何吧。我那时上初中,不学立体几何,只学平面几何。他不仅送了
一本立体几何学给我,而且在上面题写了一句话。后来我才知道,
他写的是革命导师恩格斯所说的话:"人总是要有点精神的。"每当
我遇到困难、挫折,或者有点颓废消沉之意的时候,我都会想起那
位老师所题赠给我的这句话。

人没有一点精神,就没有浩然之气,就没有前进之本,没有可
持续发展的动力。由此可见,"赠人以言,重于金石珠玉"。它的的
确确非常重要。

接下来，我们就来具体探讨一下有关赠言内容的选择问题。

首先，我们在考虑赠言内容的时候，思想健康是第一位的。具体考虑赠言的内容时，要有正面的因素，要有乐观的因素，要有激励人奋进的因素。不能够出现我刚才所说的颓废消极的因素，这一点必须注意。赠言不能不考虑艺术性。但只有艺术性，没有思想性，也是不行的。

我们这个年龄的人，即四五十岁的人，都非常喜欢已故诗人顾城的一句诗："黑夜给了我黑色的眼睛，我却用它寻找光明。"我不知道，你们看到这句诗的时候，会想到什么问题。我们这一代人——上个世纪五十年代、六十年代前后所出生的这一代人，看到这句诗的时候真的会产生共鸣。顾城这个人如何，我们暂且不论。但我觉得这首诗的思想性是不可否定的。很短的一首诗，却给人以一种非常美好向上的感觉，正面激励了我们，非常难得。

其次，要注意格调高雅的与否。 朋友之间开个玩笑、说个笑话，随便点无所谓。但赠言是需要被别人珍藏的，是作为纪念之物的，所以不能为所欲为地乱来。

有一次同学聚会。虽然是同学，但是大家都很忙，多年不见了。那一次，大部分同学都到了，有人提议买一些留言册，大家彼此赠言，每人保存一本。当时，我是东道主之一，就没有顾及别人所留给我的赠言。后来才注意到，其中有一位同学给我写的赠言，不能说写得不好，但实在是有点肉麻："亲爱的，每当夜幕降临的时候，我就会想起你。"

老同学当着面开个玩笑可以，但这些内容放在题词册、赠言册里边，就有点不合适。因为我的老婆不是我的同学，她会怎么想？写这话的人是谁呢？他是我住集体宿舍时的下铺，所以每当晚上他当然想起我，是不是？我上自己的上铺的时候，当然会吵醒他，甚至会影响他。但是他开的这个玩笑有点大。我老婆在我回家以后问：今天聚会有什么内容，我说我们聊聊天，吃吃饭。后来有点事儿，我就提前出来了。不过每人发了一本彼此签名或赠言的纪念册，你看看吧。我老婆翻阅以后又问，"亲爱的，每当夜幕降临的时候，我就会想起你"这一则是哪一位写的？那时我真的有点有口莫辩。它不至于引起我的家庭纠纷。但写这种话，在格调方面有点不适当，这是要注意的。

再次，在给别人留赠言的时候，若能写出"耐人寻味"的意境是非常重要的。赠言的具体内容，不要太平淡、太直叙。要是否定这一点的话，赠言的重要性就缺少了。我为别人写赠言时，往往喜欢选择我们的一位女作家陈学昭的一句话："工作着是美丽的。"

个别人认为，工作是一种痛苦，工作是一种迫不得已。其实工作完全可以乐在其中，可以在奉献社会的同时实现自我。所以说，有什么样的思想，就会有什么样的生活。当你真正觉得工作是美丽的时候，你就会热爱它、享受它、珍惜它、投入它。而当你觉得工作是痛苦的时候，你则会敷衍它，或者感受不到任何乐趣。

以上所介绍的是有关赠言内容方面的基本要求。那么，赠言的具体形式又有哪些呢？在实践中，我们在具体书写赠言时，大致上有如下一些形式可以考虑：

第一，格言式。赠言，可以是有思想、有形式，又比较隽永的格言；可以是引用流传已久的名言；也可以自我斟酌的一个精炼的语句。比如，我个人有的时候应邀为别人书写赠言时，很爱写如下一句话。我认为这句话既有一定的现实意义，又有着我个人的风格特点，它就是："有礼走遍天下。"在此，我所写的不是"道理"的"理"，而是"礼仪"的"礼"。因为十六世纪时，西班牙一位著名的女王伊丽莎白曾说过一句话："礼仪是社交的通行证。"所以我把这句话变了一下："有礼走遍天下。"换言之，无礼寸步难行。书写赠言时，格言式是可以常用的。

第二，名句式。名人名言，通常也是赠言的选择之一。现代人也好，古代人也好，他们的话，往往具有更强大的说服力。有时候，我也会有类似的选择。给一个年轻的孩子，如初中生、高中生赠言时，我喜欢用培根的一句话："读史使人明智，读诗使人灵秀。"为知音书写赠言时，我则偏爱选择荀子论礼仪的名句："礼者，养也。"

第三，诗词式。诗词，也是我们中国人比较常用的一种赠言形式。"白日依山尽，黄河入海流；欲穷千里目，更上一层楼。"把它书赠给别人，会激励对方不断进取，奋发图强。赠人以礼时，你可以自己写上一首诗词，也可以引用名家名作。

第四，对偶式。实际上是选用诗词中间的某一对句子。比如，我们鼓励一个人的时候，可以引用刘禹锡的一句名句："沉舟侧畔千帆过，病树前头万木春"，或是选择孔子的名言："君子坦荡荡，小人常戚戚"。它们都会令人奋发向上。

第五，公式式。它也是较为常见的一种。例如："成功 =10% 的聪明 +90% 的勤奋。"它说明了一个人的成功，不是依靠个人的小聪明就可以实现的，更多的则是来自后天的努力，它和先天的条件不完全画等号。公式赠言往往是很具有说服力的。

大体上讲，常用的赠言格式就是以上这五种。那么，我们在应用这些赠言的具体格式时，又应当如何选择并灵活应用呢？需要注意主要有以下这样几条：

第一，要体现本人的风格。书写赠言时，应考虑到自己的强项、自己的爱好、自己的专业水准，并明确人家在哪个方面承认自己的能力。比如，我以诗词见长，我就可以考虑诗词式。我以科学知识见长，则可以突出科学知识方面的运用。不能够哪壶不开提哪壶！若盲目地运用自己所不擅长的东西，搞不好就会贻笑大方。

第二，要考虑受众的需求。受众，即赠言的接受者。换而言之，即向你索要赠言的人，或者你准备赠与赠言的人。赠人以言时，要根据对方的要求、特点来写。他有点意志消沉，你给他鼓励；他家庭幸福，你要求他珍惜；他家庭和谐，你给予肯定。只是绝对不要把意思弄反了。要站在对方的立场，要看对方能否满意。

第三，要使内容和形式相协调。写给别人的赠言，不要内容大于形式，也不要只有形式没有内容。我曾经得到友人的一条赠言："？？？！！！"到现在我也没搞懂这三个问号、三个叹号排列在一起所要表达的意思。它高深莫测，如同天书，我有时甚至怀疑它是不是外星人写给我的。

具体在书写赠言时，需要注意以下三个问题：

第一，书写工整而清晰。在一般情况下，书写送给别人的赠言时，必须工工整整，清清楚楚。要令人一目了然，而非难以辨识。

第二，工具符合常规。比如，我们中国人喜欢用毛笔、钢笔去书写赠言。如果用铅笔写就有点不对劲儿了，拿圆珠笔书写也有点不够正规。对于钢笔、毛笔、圆珠笔具体墨迹的色彩也要注意。比如，中国人喜欢黑色，它显得郑重其事，端庄大方。你用红色写赠言，难道是绝交、血书吗？它显然并不合适。还有一些国家、民族用绿色的墨水写东西，往往含有求爱之意。你本来所写的是一条政治格言，却用绿色墨水去写，是向人家求爱吗？显然也不合适。

第三，宜应邀而写。它的含义，就是人家要求你赠言，你再赠，或者有此需要的时候你再赠。平白无故赠人以言，有时未必合适。

有一次，我去参加一个活动。在此期间一位同志要求另一位同志写赠言。那位同志很厉害，一个赠言写了半个小时还没完，写了长长的三页纸。我开玩笑说：是不是在写情书呢。其实大可不必写得那么长、那么久。赠人以言，亦应应邀而行，并且适可而止。

如上所述，在书写赠言以及签名的时候，要完全做到符合礼仪规范非常不容易，但多加注意则是可以办得到的。若想真正如此，我们必须不断地提高自身的文化修养和道德修养，同时还需要处理好礼仪方面的细节问题。最后，谢谢大家！

第 10 篇

应对媒体

如今，媒体越来越发达了。在各种形式的人际交往中，尤其是在国际交往的场合当中，我们免不了要和媒体打交道。遇到这种情况的时候，必须认真地对待媒体。

不论出国，还是在国内接待外国的来访者，我们经常需要面对各种媒体。特别是在官方交往中、商务交往中、文化交流中，还包括军事交往、体育交往等其他的一些场合，人们面对媒体的机会非常多。从公务礼仪的角度来讲，面对媒体时，有两个问题我们必须予以注意。**第一，要充分地重视媒体在塑造形象方面所起的作用。第二，要认真地掌握应对媒体的基本技巧。**

谈到媒体的重要作用，谈到媒体对塑造形象的影响，我必须首先来与大家谈一谈传媒。人和人打交道时，最重要的一个特点就是传播，传播就是信息的交流和传递。什么叫社交？社交就是信息的交流和传递。我们要多交朋友、广结善缘，往往意在获得有益的信息，或及时掌握必要的信息。

传播有多种方式。有所谓个体传播，就是一个人和一个人交流信息。有所谓群体传播，即一个人或很多人与很多人交流信息。还有所谓的大众传播，就是利用专门的组织机构，采用必要的手段向公众传播信息。

我们现在所谈论的媒体，又称作大众传播媒介，实际上就是大众传播工具。例如，报纸、电视、广播、杂志、互联网等等。这些都是大众传播媒介。实际上我们谈论的这个传播，个体的也好，群体的也好，大众的也好，它们都具有不同的作用。就大众传播媒介来讲，它有着两个最重要的作用。

第一，制造话题。此处它是指掌握话语权。例如，谁是名人，谁是名家，谁是明星，什么地方好玩，什么东西是名牌，什么地方是著名的景点，衣食住行的种种热点等等，大众传播起了很大的传播或左右作用。这个电影好不好看？媒体说好看，大家就去看了；媒体说它不好看，可能有人本来打算去看的，结果就不去看了。媒体的主要作用之一，就是制造热点。这个热点若制造得好，就是正面的。制造得不好，则是负面的。

第二，进行过滤。所谓进行过滤，在此是指大众传媒可以充当信息的过滤器。为了国家安全，为了国家形象，为了国家尊严，媒体必须有所为，有所不为。对媒体而言，有助于维护国家形象的，有助于维护国家安全的事情可以传播。有些事情，出于种种考虑则是不可以对公众进行传播的。并不是什么东西都可以进行传播的，或随意进行传播扩散的。此问题若处理不够妥当，就会产生负面影响。

上个世纪 30 年代，美国新泽西州播放了一个广播剧《火星》。它由英国作家威尔斯的著名小说改编，讲述的是火星人进攻地球。当时为了加强艺术效果，把这个广播剧制造得活灵活现，媒体便以新闻报道的形式告诉大众：外星人将会在几点几分进攻地球，地名就是在新泽西州，而且还是非常准确的地名、城镇。当时这个新闻一播出，当地的老百姓就开始逃亡、狂奔，还有一些勇敢者甚至端起了枪，上街去寻找侵入的外星人准备与之决斗。这就是产生负面影响的媒体传播的典型案例。

所以出于国家安全，出于为国家利益等方面的考虑，媒体应该学会筛选各类信息。

在外交上有一种新的外交形式，我们称它为公众外交。什么是公众外交呢？实际上就是国家或者国家所授权的某个政府机构、某个政府部门，利用大众传播媒介，向国外公众有目的地、有意识地进行信息传播，借以塑造和改善本国的国家形象、民族形象和政府形象。它目前在国际社会已经越来越受到人们的重视，既有一些成功的经验，也有一些失败的教训。

在这里，我们先来介绍一个非常失败的例子。

几年以前，英国曾被疯牛病侵袭，导致人们不敢再吃牛肉。当时，布莱尔才担任首相，他是一名在工作上非常尽心尽力的领导者。当他知道这种情况之后，他便首先提倡官员们带头吃牛肉，以此来证明英国的疯牛病并非广泛传播，并不可怕。布莱尔不仅自己带头吃了牛肉，而且他还专程去到畜牧场视察。当时，这个镜头向全英国，甚至向国际社会直接转播。当时，人们在电视上看见布莱尔身穿防护服进入了牛栏，然后同养牛工人进行交流。布莱尔首相的本意是想以此来说明疯牛病并不可怕：你看嘛，连首相都可以与牛群近距离接触。但是，他没有想到却产生了适得其反的效果。人们看了此条新闻后纷纷议论："你看英国的疯牛病闹得多严重，连布莱尔去牛栏都要穿上防护服。"

在现实生活里，传播往往会为我们带来一种意想不到的结果。有些传播如果做得不够妥当，就会产生负面影响。当然，如果处理妥当的话，也会产生正面影响。以下，再来介绍一个成功地利用传媒的案例。

1984年，当时担任美国总统的罗纳德·里根来华访问。他以所谓的平民总统自居，非常注意塑造自己亲民的、平易近人的形象。临行前，他为了给中国人民留下好的印象，通过白宫公关人员，准备寻找一个中国普通老百姓事先进行接触。结果工作人员帮他找来一位复旦大学毕业的，正在美国攻读硕士学位的女孩子。这位女孩的家庭背景是非常普通的，她的爸爸是一名商店的店员，妈妈则是一名企业的工人。那是一个绝对的平民家庭。里根在白宫接见了她，与她进行了面对面的交流。谈话进行到最后，里根说了一句话："我马上要到中国去访问，其间要途经上海，请问你需要我带话给你在上海的亲友吗？"当时，这名女孩子因为事出突然，没有准备，就临时蹦出一句话说："如果你去复旦大学的话，请代我问候复旦大学的谢希德校长。"谢希德是一位女校长，是著名的学者。

后来里根果然去了复旦。当时里根在复旦大学的小礼堂发表演说，谢希德校长也在，在场的还有一百多名师生。在结束演说的时候，里根讲道："尊敬的谢希德校长，在我结束演说的时候，我要向你转达你的一名学生，一名复旦大学的毕业生某某某在美国向你所表示的问候。如果你愿意的话，现在你就可以与她通电话。"当时全场掌声雷动，谢希德校长也非常激动。学生不忘恩师，老师肯定是非常欣慰的。此举当时给中国人民、给上海市民、给复旦大学师生所留下的印象是："里根是一位非常注意民心、民意，非常关注老百姓生活的总统，非常有人情味。"

我们从公关的角度来看，事实上这是策划的，但是它的效果非常好。公众外交在现代社会被各国政府所重视。进行公众外交时，我们就是要有目的地利用传媒，向他人宣传我们的优秀形象，维护我们的形象，同时尽一切可能避免损害我们的形象。面对媒体的时候，我们每一名中国人，特别是在官方交往、商务交往、文化交流这样的正式场合，都要有意识地注意媒体的应对。

在社会交往中，应对媒体的时候我们应该注意哪些具体的方面呢？首先，我们要掌握面对媒体的基本技巧。具体而言，需要注意以下三个方面的基本技巧。**其一，要了解媒体**。要对你所面对的媒体的基本情况尽可能充分地了解。**其二，要有备而来**。对媒体有可能会问到自己的一些热点问题，公众所感兴趣的问题，以及与自己有关的问题，都要有所准备。**其三，要注意临场表现**。毕竟媒体不被你所控制，毕竟有些事情是会突然发生的，所以有的时候善于以不变应万变是非常必要的。面对突然发生的事情，要有足够的应对能力，要表现得处乱不惊，这样才能证明你是一位有涵养的人。如果表现得不好，那么则可能惹火烧身、平添麻烦。

上个世纪 60 年代初，周恩来总理就遇到过类似尴尬的事情。那时正是三年自然灾害时期，我们国家的经济很困难，有些人就幸灾乐祸地说我们的坏话。当时有一种造谣的说法，说什么中国国库所存的东西已经寥寥无几了。那时周总理正在国外访问，一家国外的媒体就别有用心地问："请问，周恩来先生，你们中国的国库是不是已经没有钱了？"周恩来总理落落大方地讲道："我们的钱不少，据我这个总理所知至少有一块八毛八。"说他没有回答吧，他回答了；说他回答了吧，其实则是避实就虚。他在另外一个场合还讲过十八块八毛八。一块八毛八也好，十八块八毛八也好，它们都是同一个说法：即当时人民币元、角、分的总和，所以把那个外国记者说晕了。等他缓过劲儿来，周总理已经走掉了。这便是一种临场应对问题的方法。

下面，我将对媒体的问题、有备而来的问题、临场的表现等等问题进行较为具体的介绍。任何人、任何事，你只有了解它，才能够应对它。与媒体打交道的时候，特别是面对知之甚少、缺少了解的媒体的时候，我们要尽可能地对它有所了解。

了解媒体，首先要注意它的政治背景。俗话说"物以类聚，人以群分"，任何媒体都有它所代表的势力、利益集团及其政治倾向。我国的官方交往、商务交往，不论是公司也好，外贸机构也好，或者大学教授也罢，都必须具备一种政治视野。在各种社会交往中，尤其是在国际交往中，首先要考虑到自己所面对的媒体的政治背景，尤其是要了解你所应对的这个媒体是不是合法的媒体。有些媒体是合法的，有些媒体则是非法的。面对非法的媒体，就没有必要接受它的访问了，这一点是非常重要的。否则你的本意是好的，你想推广、宣传、介绍自己，结果你遇到的是非法媒体，且不说它有可能胡说八道，首先它在本国是不合法的。这是我们需要注意的第一点。

了解媒体，其次要了解它所属的政治势力。在现代社会，媒体往往有其所代表的政治势力，或作为某种政治势力的代表。应对媒体时，要对此有所了解。要清楚它是什么党、什么派、什么利益集团支持赞助的。有些时候，还需要进一步了解其资金的主要来源是谁，诸如此类的问题。

了解媒体，再次要了解它的对我态度。要了解自己所面对的媒体对我国的社会主义制度、对我国人民、对我们的这个单位或组织是不是友好的。世界上绝大多数国家、绝大多数传媒对我们是友善的，但是也有极个别的媒体因为误解和隔阂，或者其他的因素对我们是不友善的。遇到这样的问题，我们应该明白，接触对我们不友善的媒体的时候，它可能会提一些让人尴尬、难堪的问题，所以我们更需要认真地准备，并了解它的对我立场与态度。

了解媒体，最后还要了解它的实际影响如何。媒体是有多种具体形式的，有报纸、电视、广播、杂志，还有新锐互联网。现如今连手机也成为了一种传媒。媒体是多种多样的，有平面媒体、立体媒体，又有电子媒体、印刷媒体。从信息交流的角度，从公众外交的角度去了解媒体的实际影响，主要应注意以下两点：

其一，它是不是主流媒体。在我国，中央电视台是主流媒体。中央电视台所播放的新闻，影响肯定比地方电视台或者县市级电视台影响大。人民日报也是主流媒体。它是党报，是国家的喉舌，是舆论的导向，所以我们都会去重视它。

同样的道理，世界各国都有主流媒体与非主流媒体。如果我们打算有选择的、有意识的介绍自己和说明自己的话，我们就要尽可能地多接触主流媒体。那样传播、互动的效果才会更好。

其二，它是官方媒体还是民间媒体。我们在了解媒体的实际影响时，还要注意它是官方媒体还是民间媒体。有些媒体是官方的，所以相对来说更容易得到政界与社会的支持和认可。而民间媒体，往往会采用其他较为个性化的立场、观点和方法。此点也是我们在应对媒体时所必须注意的。

除此之外，了解媒体时，通常还需要了解媒体自身的具体特点。不论在国际交往中，还是在国内交往中，媒体多得不胜枚举。就大众传媒而言，我们平时所接触最多的有电视、报纸、杂志、广播、互联网，等等。就传统的四大媒体广播、电视、报纸、杂志来讲，无可置疑的是，目前对大众影响最大的是电视，其次是报纸，再次是广播，最后才是杂志。而互联网的地位，则显然处于强劲升势。

实际上，这些媒体的具体影响与它们的作用是不一样的，其读者群也不一样。一般来讲，喜欢看杂志的人，以女性居多。而喜欢读报纸的人，则是男性居多。不同的报纸、不同的版面，读者群往往也不一样。所以要了解不同传媒的特点。比如从优点来讲，电视的最大特点是容易产生互动，有着非常强大的传播效果。它可以及时传播，有声音、有画面，给人一种如闻其声、如临其境的震撼性效果，而且很容易左右观众的情绪。相对来讲，它的受众广泛。只要拥有电视机，只要能够接收到信号，都可以收看。当然，它也是有缺点的。它的费用比较高。如果想要主动利用电视媒体，就必须跟它沟通，电视广告的费用通常是很高的。

报纸的影响力也很大，价格低，发行量大。但相对来说，它的版面是有限的，是不能变更的，故此缺乏变化。

杂志的版面制作精美，可以选择精美的图片支持精心选择的信息。但是，它的缺点是制作出版周期太长。例如，你给专业期刊写一篇时政新闻类的文章，它的一个出版周期至少是三个月，那样就不能够保证新闻的时效性了。新闻是一定要讲时效性的。时过境迁，新闻成了旧闻，就没有影响、没有作用了。

迄今为止，广播仍是利用广泛，不可被替代的大众传媒之一。它传播面广、时效性强、费用节省。其不足之处，主要是内容不可选择、感染力较差、缺少可视性。

如今互联网是与人们互动最多的一个媒体，它传播速度快，资讯丰富，内容生动。但是因为种种原因，它很容易传播虚假的信息，或者被信息误导。

我们不可能了解所有传媒的优点和缺点，但是一定要了解它的主要特点。例如，大多数人都觉得电视很好，但电视不仅成本高，而且版面不容易保存，我们不可能把所有电视台播放的音像都记录下来。所以，了解媒体时，必须既注意它的政治倾向，又注意它的实际影响，并要了解不同大众传播媒介的特征与优缺点。

媒体的力量是非常大的。在国内外交往中，我们往往会面对媒体。那么我们又该作那些相应的准备呢？这就是应对媒体要注意的另外一个问题——有备而来。以下有三个不同的侧面，是我们在实际工作中需要注意的，特别是在官方交往、商务交往、文化交流中要注意的。

190

第一，要联络媒体。所谓你敬我一尺，我敬你一丈。不论个人、企业或者媒体，都是讲求互动的。在我们力所能及的范围之内，国内交往也好，国际交往也好，都要与媒体，特别是要与那些影响较大的、对我们友善的主流媒体主动联络。要与其保持经常性的沟通，必要的时候还应该互相走动，只有这样才容易产生互动。这是面对媒体的基本技巧。

第二，要方便媒体。我们向媒体提供了信息，尤其是向对方提供了它所最为需要的信息，就是对对方最大的方便。准备开记者发布会，或者举行重大的活动时，媒体来了，我们就要给予它方便。怎样给予媒体方便呢？首先，要尊重有关的传媒人员。不论记者、摄像师、录音师，对任何传媒人员都要予以尊重。其次，要确保所提供的信息真实无误。媒体讲究的是信息的真实性。信息就是生命，真实就是价值。如果向媒体所提供的是不真实的信息，或者是误导对方的信息，将来媒体据此进行报道之后便会损害它的形象。如果媒体报道的是负面的、错误的信息，那么它的社会知名度、美誉度就会受到损害。媒体也会对提供虚假信息的人或者单位感到愤恨。所以我们要尊重媒体，就要为之提供真实而准确的信息。最后，要多多提供便利。接待媒体的时候，不论媒体是如约而至，还是不请自来，都要尽可能地为它提供方便，而不要给它设置不必要的障碍。

第三，要统一口径。有的时候，我们参与某项活动，应对媒体的人可能不是一个人，因此必须有所准备。不能到时候公说公有理，婆说婆有理；张三讲一套，李四说一番；彼此之间所讲的内容不能统一口径。统一口径，是集体行动时应对媒体的关键之点。

首先，要注意保守秘密。该讲的讲，不该讲的不能讲。当你接受媒体采访时，一定要明白什么话该说，什么话不该说。一定要具有保密意识。

其次，要坚持统一行动。要服从企业、服从组织、服从单位的统一安排。不能擅自行事，尤其不能未经上级允许，随意对媒体披露内部新闻。不能为了个人的利益，擅自把内部的信息透露给媒体。否则，轻则会受到处罚，重则会因为有碍于国家安全，受到法律的惩处，所以必须统一行动。

再次，要指定专人负责。在可能的情况下，应该安排专业人士应对媒体。现如今在我国一些重要的政府部门，重要的政府机关，省部级、司局级以上的单位，都已经开始设立专门的新闻发言人，以便统一口径。由新闻发言人负责应对媒体，这是统一行动时非常重要的一点。我国各级机关都有外宣办、新闻办，它们都是统一应对媒体的。有条件的单位，此项工作一定要有专人专司其职。

最后，要提供背景材料。在召开记者招待会、新闻发布会时，最好能够制作统一的宣传报道的背景材料、背景文稿。有些数据、资料、图片，记者是不能了解或者了解不准确的。为了避免以讹传讹，我们应该准备好相关的数据和资料。比如，人民大学有多少学生、多少教授、多少博士，学生的就业率是多少，这样笼统地对外讲解，很少人会记得准确无误。所以统一制作对外宣传所使用的背景材料是非常必要的。

现在，中国人面对媒体是一件很平常的事情。那么怎样才能表现得更好，才能体现出相关的礼仪素养呢？这就是人们在面对媒体时所应关注的第三大要点之一：临场表现。随着我们国际交往经验的丰富，中国人自身的特点，自身的气质，已经逐渐得到了国际社会的认可和接受。在国内交往中，许多企业也不乏成功应对媒体的宝贵经验。

我们在应对媒体的时候，具体而言，一定要注意以下几个临场方面的要点。

第一，要泰然自若。它的基本要求是：不慌不忙，不骄不躁。有些事情我们可能会提前作好准备，但是有些事情是突然发生的，甚至会遇到之前所讲过多次的那种具有挑衅性质的情况，或者居心叵测的人所下的圈套。在此之际，能否沉着而冷静地予以应对，十分重要。

第二，要谨言慎行。在媒体面前，一定要注意自己的举止、动作以及其他方面的临场表现。媒体的传播能力是很厉害的，你在公众场合摸一下脸，全世界都可以看到。你弯腰提一下鞋子，大家都有可能知道你提了鞋子。甚至你的鞋子后跟磨掉了一半，别人有可能看到。因此，在公众场合，尤其是面对媒体时，一定要检点自己

的言行。应对媒体的时候，首先应该注意有问必答。这是一个人的基本涵养。即便遇到不方便回答的问题，往往也不能够直接地回避。可以谨慎自己的言行，巧妙地加以应对。无论如何，都要注意检点自己

的言行举止。不要说脏话，不要说错话，不要说费话，不要说有损国家形象、有损单位形象、有损国格与人格的话。不要说伤害交往对象所在国家或单位的话，更不要作出那些少调失教、不修边幅的举动。

第三，要善于合作。应对媒体时的临场表现，还包括应与媒体进行友善的合作。与传媒工作者进行合作时，要善解人意，要方便对方，更要主动为之提供必要的帮助。

因为每一个人在工作的时候，你的委屈，你的辛苦能够被他人所理解，那将是莫大的安慰。那个时候，辛苦就不算辛苦了。反过来讲，如果被冷眼相对，并且被拒之门外的话，就会让我们感到很难过。"

第四，要及时补救。在应对媒体时，万一不慎出现了这样或那样的问题，一定要及时地予以补救。以下两点尤应重视。其一，自己说错话的时候，或自己的表情动作出了错误。作为个人来讲，如果语言、表情出现了差错，该认错就应该认错，该纠正就应该纠正，要力所能及地及时采取补救的措施，并且总结经验下不为例。其二，报道出现了误差。例如，我没说过这个话，媒体却在报道中给我加上了这句话。它往往是事关国体、事关组织形象和个人形象的，故此不可不慎。如果言谈举止、所作所为被个别的媒体误导了、误报了，我们应该主动地去找它沟通。必要的时候，还应该发表声明和解释，绝对不能允许它以讹传讹。

总之，在面对国内外媒体的时候，我们一定要注意维护自身的形象，维护自己所代表的组织形象，并且还要注意维护我们国家的形象与民族的形象。

第 11 篇

娱乐休闲

所谓娱乐休闲，就是我们平常说的玩。其实，每个人有每个人的玩法。但是就日常交往和生活而言，一个人的玩法存在着一个品位的问题，存在着一个社会公德的问题，而且还存在着一个礼仪上的问题。目前，随着我们国家社会经济的发展和进步，人民的日常生活有了越来越多的闲暇时间。比如双休日，比如放大假，比如出国观光旅游，等等。在这样的情况下，我们会不会玩儿，玩得是不是舒服，不仅是个人问题，而且还是一个个人形象、民族形象，乃至国家形象的问题。有鉴于此，本篇将详细地为你讲解有关娱乐休闲的礼仪，包括交际舞会的礼仪、观看演出的礼仪、观众旅游的礼仪等等。

　　首先，我来谈一谈交际舞会的礼仪。在日常工作与生活中，我们经常会参加舞会。比如，有的是家庭舞会。周末了，大家聚一聚，载歌载舞，兴高采烈。有的可能是商务应酬、公司庆典、开业仪式。那时跳跳交际舞，则可能是一个连带性的娱乐项目。大家聚餐结束共舞一曲，丰富一下自己的业余生活嘛。

　　所谓的交际舞会，其实是以社交为目的的一种舞会。我经常跟朋友们讨论这样一个问题：你的朋友都是在哪种场合认识的？不妨

197

在闲暇的时候掰着自己的手指数一数：你目前的好朋友大概有几位，这几位好朋友又是从哪里认识的？我们会发现，我们朋友多数都是一些同学、邻居、业务伙伴或社交上的朋友。那么你社交上的朋友又是在哪种场合认识的呢？我们不至于在街上或者在公共汽车上、地铁上，见到一个异性就说：我想认识你。这样的行为，肯定会遭到拒绝或者否定。这不是我们能够认识他人的地方，只有在宴会、舞会、音乐会这样一类的社交场合中，才是认识他人的好地方。

在比较重要的交际舞会上，请谁跳舞通常有着特别的讲究。

如果你组织过舞会，你就会知道，组织舞会需要巧妙的技巧。一般来讲，每一个参加舞会的人至少需要邀请一位异性到场。按照国际惯例来讲，这位异性和自己可以是任何关系——老婆或老公、男朋友或女朋友、姐姐或其弟弟、女同事或男同事，甚至老姐、老妈、哥哥、妹妹都可以，但其必须是异性。你明白其中的奥妙吗？这样做，才可以使参加舞会的男女比例均衡。否则我们就会遇到麻烦，比如，在煤矿、钢铁厂、医院这些职业场所，男女比例很不均衡。如果不考虑到这一点，舞会就会出现尴尬的场面。经常有这样的同志，没有异性可邀请或者被邀请，就跟椅子进行操练，那样总比自己在那儿傻站要强吧？所以大家都带一个异性去，就容易实现性别上的比例均衡。

但是，舞会也有自己的规定：**第一支舞曲必须和自己一同前往的那个人跳，以表示对对方的尊重。**邀请与你一同前来的人跳第一支舞，这是礼貌的表现。如果还想继续邀请他，只有唯一一次机会，那就是最后一支告别舞曲。

除此之外，在舞会上你要想多交朋友、广结善缘，就要请不同的人跳舞。比如，出于礼貌，你应该邀请举办舞会的男女主人。如果我是一位男士，在舞会上我肯定会邀请女主人跳舞。当然，她同不同意是她自己的选择，但是我必须以礼相待。舞会上，我会经常告诉别人，你们最好去请请我老婆。说实话，如果有十个、八个帅哥邀请我老婆，我会很有面子，那说明我老婆是个秀外慧中的大美人啊。面对同样的场景，你的丈夫或者妻子肯定也会有这样的感受。如果在舞会上没人邀请你，你会多寂寞啊。所以邀请女主人，实际上是在向男主人表示尊重。

那么作为舞会主人应该怎么做？他的第一支舞曲应该与自己的妻子或者丈夫跳，第二支舞曲则应该邀请场上地位最高的贵宾跳。比如，我是男主人，第一支曲子与我的妻子跳，第二支曲子就应该与在场的地位最高的那位男士的妻子跳。假设有一位大使和大使夫人一同参加我所举办的舞会，他是舞会上地位最高的客人，那么第二支舞曲我就应该邀请大使夫人，此举表示了对大使尊重。

此外，我还需要邀请哪些人呢？如果有想认识的人，直接上前问好是很不妥当的。那么我会邀请他的妻子或者他的女儿跳舞，等我再把他的妻子或者女儿送回去的时候，不就很自然地与他本人认识了吗？还有另外一种情况，就是碰到熟人。比如，我的一个学生告诉我："老师，这是我新婚不久的妻子。"那我就必须邀请他的妻子跳上一曲。对方同意与否悉听尊便，但我必须在礼节上做到位。

此外，交际舞会还有着很多其他的基本礼仪。例如，舞曲的选择。交谊舞曲，最好是现场演奏。倘若不是现场演奏，播放唱片也是有讲究的。音乐要有张有弛，有松有紧，有快有慢。如果从头到尾都是狂欢音乐，那将是一场十分累人、十分折腾人的舞会。所以舞会上的音乐必须一张一弛，有快有慢；有曲调高昂的，也有轻松舒缓的；要给大家创造出一种用于调节身体的氛围。再就是，国际舞会和正规舞会的结束曲都应该是《一路平安》。这首苏格兰民谣，就是我们耳熟能详的《友谊地久天长》。有经验的人都知道，逛商场或者参加舞会，只要这支曲子一放，意思就很明确：离场的时间到了。它是一种有意的暗示，也是一种善意提醒。

　　记得我当大学生的那个年代，国内很多的舞会上就没有这种礼节性的暗示。那时正当我们高兴地跳着舞的时候，主人会突然告诉你："要拉电闸了，你们快走吧，不走我就拉闸了。"他就这样"残酷"地破坏了你的美好心情。舞会的结束曲到底是哪一支曲子？虽然没有明文规定，但是你应该知道，《友谊地久天长》这首曲子是不能随便演奏或播放的。

　　很多年以前，我接待过一位英国客人，他住在酒店里。那天，这位英国客人告诉我："金，请你帮一个忙。"

　　我问："什么事？"

　　他说："我要过生日了。这家酒店的服务不错，我想在这儿办个生日 Party。但是我在这儿没有几个熟人，你能不能帮我个忙，邀请几位熟人来，否则我会很寂寞。"

我说："行啊。"

我找来十几位朋友，大家准时到达了他的生日 Party。我们刚一进去，就听见了《友谊地久天长》的演奏。结果把那个英国人气坏了，他问道："这里为什么要我？"

我问："怎么回事？"

答："我刚进来，他们就让我回家。"

后来，我去问了主办方。原来主办方是出于好意，结果却弄巧成拙了。他们知道他是英国人，以为这首英国曲子肯定会是他所喜欢的，却没想到原来它是一首告别曲。

在交谊舞会上，还有几条非常重要的礼仪规则需要跟大家一提。

第一，请舞伴时有其讲究。一般的游戏规则是：男士邀请女士。舞会礼仪来源于西方。西方礼仪讲究"女士优先"，所以男士请女士时，女士是可以拒绝的。简单地说，就是女士拥有选择权。那么，现代社会推崇男女平等，女士可不可以邀请男士呢？当然是可以的。但是既然是"女士优先"，所以男士便没有选择权。女士邀请男士时，男士则是不可以拒绝的。所以我经常会提醒男士：如果你不会跳舞，就千万不要去。

例如，我是工会主席，今年的五四青年节，我要向本单位聚会的男女青年表示祝贺。那种时候，说完了祝大家节日快乐，我就要立刻离开。否则，我身边的一位女青年邀请我："主席，请你跳舞好吗？"我说："不好，我只会踩人。"那么人家就可能会认为我看不起她，就可能会伤了她的自尊。所以当女士邀请男士时，男士肯定是不能拒绝的。

又如，奥运期间如果你有机会和运动员或者外国游客一块联欢，那么请你注意：按照国际惯例，交谊舞会上同性之间不能共舞。特别要注意，有西方欧美客人在场时，只能男女之间跳舞。在国际交往之中的正规场合里，男士之间跳舞就像两个男人住在酒店的同一间房子里一样，别人会怀疑他们是同性恋。我就遇到过下面这样一个场景：

有一次，单身的加拿大朋友威廉斯去参加一场舞会。当时他去晚了，舞会上没有异性再让他邀请。舞会的主办者是中方的一位男经理。看到威廉斯一个人在那儿寂寞地站着，他走过去说："威廉斯，我请你跳舞好吗？"吓得老威扭头就跑。

这位中方经理当时不知道怎么回事，便追了出去。威廉斯看到他追了出来，吓得开车从北京躲到天津去了。中方经理急了，给我打电话询问："为什么我请他跳舞，他却跑了？"

我说："你当时的所作所为，对他而言叫做性骚扰。"

因此，在国际交往中，男士是不可以邀请同性跳舞的。那么女士之间呢？我们说过，国际礼仪讲究"女士优先"，女士邀请女士因此是可以接受的。但如果你是女性，我还是建议你不要邀请女士，因为那样做会给人们带来一个假定，这个假定就是你一直没有受到男士的邀请，所以很寂寞。两个女士在一起跳舞，等于向在场的所有男士们发出求救信号："弟兄们，请注意，目前还没有男人请我们两个，我们两个太没有面子了，所以就奋起自救了，请你们在场的哪位绅士挺身而出，见义勇为，英雄救美吧！SOS！"说实话，如果你在别人眼里到了那种境界，是很没有面子的。宁可回家，也别在舞会上出现这样的情况。因此，在一般场合，女性之间最好不要共舞。

第二，拒绝邀请要懂礼貌。刚才讲了，男士邀请女士，女士是可以拒绝的。但女士也要注意场合，拒绝别人时要待之以礼，不能乱来。切勿说什么："你是谁啊，我不认识你，一边待着去！"我还见过厉害的，有的女士一扭头，给人家一个后脑勺。有一次我见过一个最狠的拒绝者，她当时拿出一面镜子，让人家邀请者去照照自己。那样做就太没有礼貌了。不愿意与人家跳舞，也没有必要对人家进行人身攻击和侮辱，这是一种常识。我们曾经说过，礼仪是讲究沟通的，那么在舞会上也有约定俗成的具体语言，当别人说：请你跳支曲子吧？你说不愿意。人家说请你跳舞吧？你说不跳。这都是不应该出现在那种社交场合里的语言。

　　最标准的拒绝别人邀请的说法是什么呢？首先应该说"谢谢"、"抱歉"或"对不起"，然后再告诉对方"有人邀请过我了"，这是最恰当的拒绝的语言。想想看，一个人在这儿站着或者坐着，如果有人请她，她早就下舞池去了。她一个人在这儿站着或者坐着，不就意味着没有人请吗？但是她说这些话的意思很明了了，她照顾你的尊严，给你留面子，给你台阶下，这是非常文明的一种拒绝他人的办法。可是，我一定要提醒大家注意，尤其是女士需要注意：当你用这种方式拒绝一个男人时，你要瞪大眼睛看准了，那人是不是容易沟通的那种人。你明白我的意思吗？这种表达方式是一种行话。听不懂的人，我的的确确见过。

　　那天，一个女孩子对邀她跳舞的男士说："不好意思，有人请我了。"

　　那位马上就问："谁请的？怎么没见到人呢？"

　　这样子大家都会很尴尬了。当然我还见过更有意思的男士，你不是说有人请你了吗？他说："没事，过一会儿我再来吧。"女孩子如果说："下一支曲子也有人约了。"本想以此话断了他的后路，可没准儿人家会接着说："没关系，那我最后再来。你等着我，咱俩不见不散。"所以刚才我想表达的意思就是：你说的话，务必要让对方听得懂。

此外，拒绝他人还有一种说法："我不熟悉这首乐曲，我不会跳这种舞。"聪明的男同志心里应该都有数，相对来讲，在舞会上，女士的位置比较被动，有男士带着她转几圈，她就可以学会了。女性在音乐和舞蹈方面的敏感性比男性要强，她很容易学会这些东西。在一般情况下，一位女性告诉你她不会跳这支曲子、不熟悉这支曲子，其实她的意思就是不想和你跳舞，你应该清楚地知道这一点。那时，被拒绝者的得体表现应该是马上说："啊，是这样，那太遗憾了。"接着便有礼貌地离开。

作为女士也要注意，如果你碰到的是一个智商不高的人还不分对象地那么说，就要自认倒霉了。我就见到过这样的例子：一位女士对邀其跳舞的人说："我不会跳这支曲子。"那个帅哥说："没关系，我教你。我包教包会，今天不把你教会，我就不走。"那就惨了，这位女士当时连逃跑的机会都没有了。要明白，礼仪就是沟通之道。你做任何事情，都要看准对象去讲规矩，只懂规矩不看对象，这规矩等于没有用。

第三，着装要考究而得体。在比较正规的场合跳舞，一定要注意自身文明的程度。比如，服装要干净整洁、宽松有度。如果穿一双拖鞋式凉鞋，一跳探戈，鞋飞出去了怎么办？衣服太紧，拉链开了怎么办？假使那种模样，都是很不雅观的。有一次，我在舞会上看到一位先生裤子上的拉链开了，当时提醒他不合适，不提醒他也不合适。因此，这些小小的细节也是不能忽视的。

其次，我来谈一谈观看演出的礼仪。在日常生活中，我们经常会与亲朋好友一道观看演出。有一句中国人都爱讲的话：物以类聚，人以群分。是的，有人喜欢钓鱼，有人喜欢打扑克，有人喜欢打门球，有人喜欢在一块唱京剧。久而久之，他们之间的情感、关系就会比较接近一些。作为社交的一种形式，有的时候，我们会把品位高雅的演出门票送给客人，或者邀请客人一块儿观看演出。这既是一种礼物，也是一种交际。观看演出时，以下一些基本的礼仪必须予以遵守。

第一，在力所能及的范围之内迎送客人。邀请他人与自己一同观看演出时，往往需要主动迎送对方。特别是男性有义务迎送女宾，当然，如果女宾拒绝的话就不用勉强了。比如，可提前询问对方："马小姐,需要我去接你吗?"对方答:"不需要。"你还可以说:"别客气,需要的话,我愿意为你效劳。"人家如果说:"实在不需要。"你就不必再说:"没关系,我还是要送送你。"那样子的话,你就有耍赖的嫌疑了。要记住:永远都要尊重别人的选择。但也别忘记,接送长辈、晚辈、客人或者女性,都是最基本的礼貌。

第二,提前入场,对号就座。观看演出时,国内外都有一个基本的礼数,那就是提前入场,对号入座。可以设想一下,一部进口大片或者一场品位高尚的音乐会已经开始了,还有观众不断地纷纷入场,并不时从你身边走过,你会有什么样的感受?你肯定会非常不舒服。一般而言,观看演出时通常都要求至少提前10分钟入场。

第三,观看演出期间不能制造噪音。不论你看演出也好,看电影也好,听音乐会也好,听京剧也好,欣赏话剧也好,经常都会碰到这样的情况:你的身边正好坐着一对恋人或者一对夫妻,其中的那位帅哥好为人师,演出中刚出来一个主角,帅哥会说:坏人!又出一个美女,帅哥就讲:这是一个杀手!爱情戏刚刚开演,他就预告:这场爱情不会有结果。这叫作对其他观众的精神谋杀。看演出时,本来就是要随着剧情的发展、大起大落、悲欢离合,来变化观众的个人感受与体验的。主角刚一出来,你就说这个人会死,那个人坏,其他观众肯定会感到烦躁。所以在观看演出期间,千万不要对剧情随便进行评价和解说。

另外,还有一条非常重要的礼仪——手机届时要关机或者调为震动。演出现场是不可以接听移动电话的。

几年前，有一位著名的指挥家到北京的某一知名剧场指挥一场音乐会。因为台下不断有人接听手机，致使那位指挥家愤然中断演出，并向在场的观众表示抗议。

　　我相信：现在的北京不会再出现这种情况了。倘若在奥运期间观看演出或者比赛时有这样的同志在场，他不但损害其个人的形象，而且也损害我们国家的形象。这些是相对于演出中的硬件所存在的软件问题，也就是个人的素质问题。

　　进而言之，观看演出时一定要对演员表示支持和理解。其具体要求有三：

　　第一，不能随便拍照、录像、录音。作为一个文明人，大家应该具备有关知识产权的知识。演员的演出、节目、其本人的肖像等等，都是受到知识产权的保护的。何况你在观看演出时，上蹿下跳、左蹲右趴地在那儿拍照、录像、录音，必定会影响其他观众的观看。所以在观看演出期间，我们一定要做到不自行拍照、录像、录音。这将是对演员的最好的支持和尊重。

　　第二，鼓掌和喝彩要在适当的时机进行。比如，你观看一部比较长的交响曲，有的时候它会出现好几个乐章，类似我们所说的过门。在几个乐章之间，通常是不能鼓掌的。一般在整个演出结束，演员谢幕之后，你的鼓掌才是正确的。有些同志就会出现这样的状况：本来演出还没有结束，只是一个暂时的停顿或者过门，他就开始哗哗地鼓掌。那种表现只会弄巧成拙，说明自己根本不懂内行。另外，鼓掌、喝彩一定要采用规范的形式，不要有意制造噪音。经常会有同志喝彩时双手乱拍，两脚乱蹬，然后还把喝的易拉罐之类的东西往台上扔；还有的把肚子露出来，拍着他的大肚子；更有甚者，拿个喇叭或者拿个哨子狂吼狂吹，跟球场上过激的啦啦队似的。一般比较高雅的演出，都会禁止这一系列被视为有辱斯文的具体做法。

第三，追星时的表现应适可而止。对演员表示支持时，可以做的是什么呢？你可以向演员要求签名，也可以要求演员加演节目；你可以向演员献花，也可以邀请演员与你合影等等。但要注意，不能给对方制造麻烦。举一个简单例子，加演节目或者加一支曲子是有可能的，但是不能一而再，再而三地加演节目，你应该考虑到演员的能力。机器用久了还会老化，更何况一个大活人呢？此外，还要想想，虽然要求演员与你拍照留念是你应有的权利。但是有时候，你应该在没有影响对方工作和休息的前提下进行。比如，演员演出之前正在那儿化妆，你上去找他合影、签名，他可能会不好意思拒绝你。但是在演出期间你冲上去抱着人家"叭"地狂亲一下，这种措手不及的袭击，恐怕会让整场演出都受到干扰或者损害，这显然是非常没有礼貌的。

还要切记，观看演出时的讲究礼貌应该善始善终。表演结束时，不但要鼓掌，而且还要等演员谢幕之后方可离开。不明白是什么原因让有的人下飞机或者看演出时，没等到应该离开的时候就急于离开。例如，坐过飞机的人都清楚，飞机停稳之后方能拿东西，否则飞机还在滑行你就把行李架打开，没准行李会砸到你的头上对你的身体造成伤害。看演出时，也应该按照程序进行：演员谢幕之后，观众才可以离开。演出时经常会有这样的情况发生：要么就是人家演员还没谢幕，观众就走得差不多了。要么人家正在台上谢幕呢，台下的观众就开始不断地离开。这些表现，都是非常失礼的。交际需要合作，在任何场合进行类似的活动都应该注意最基本的礼仪。坚持到底再退场，就是观众与演员的必要合作，也是对对方最好的支持。

最后，我再来谈一谈观光旅游的礼仪。如今，我们有财力、有精力、有实力走遍祖国的山山水水。更有不少国人走向世界，去观赏世界的名山名水、奇异景观。读万卷书，行万里路，实乃人生一大快事。但是在我们的日常生活里，不管参加哪一类型的旅游，都要遵守最基本的礼仪。下面，我来介绍其中最重要的几点规则。

第一，要遵守公德。旅游时，一定要讲究公德。任何一个人在观光游览时，都不能回避最基本的社会公德：爱护环境。随地吐痰、随地乱扔废物、随手采折、随处涂写，都是国人之中最常见的几种不文明的行为。随着我国的发展和进步，这样的问题虽然越来越少了，但它依然值得我们注意。目前，有人概括出了国人旅游时的"七大不文明行为"：不修边幅，不讲卫生，不守秩序，不懂谦让，不调低说话的音量，不遵守法规，不爱惜公共设施。它们实质上均属社会公德问题。

第二，要保护公物。在国外参观文物景点，或者游览我国的故宫这类具有文物保护价值的景点，一定要自觉遵守其明文规定。比如，不能吸烟，不能拍照，不能随便涂抹，不可触摸，有些位置不能去坐，必要的时候还会要求你穿特制的鞋子和服装等等。对此我们必须遵守。个别同志有一些不良习惯，我称其为"孙悟空习惯"。这些人到哪儿都喜欢把自己的名字到处涂一涂或刻一刻：齐天大圣到此一游！这是非常没有教养的做法。这样的行为，只会招来他人的鄙视，也是对文物、景观的一种破坏。

第三，要入乡随俗。我曾多次讲过一句话：少见必然多怪。有些人的交际经验比较少，交际圈比较狭窄，因而视野与胸怀不够宽广博大，不容易接受别人。他们经常会发出这样的感叹："唉呀，那个地方的人穿得真怪啊"，"呵呵，那个地方的人牙齿怎么那么黑啊"，"啊，那个地方的人脖子怎么那么长啊"，"哇！那个地方的孩子为什么不穿衣服啊"……。其实，正所谓十里不同风，百里不同俗，千里不同习，不同的地方，当然有着不同的习惯，一方水土养一方人。观光旅游礼仪要求我们：必须要入乡随俗！在国内外观光游览时，都要尊重当地人民的生活习惯、风土人情、景观文物。在旅游的时候，此点是非常重要的。

第四，要注意安全。古人有句话："行车走马三分险。"务必切记：不论出国旅游也好，参加国内异地旅游也好，不管到哪儿，于己于人于国考虑，都应该注意安全，珍惜生命。比如，公园景点中不允许攀援的地段，千万不要去冒险。已经竖立了标志：此路不通！你非要一往无前，岂不是自寻苦头吗？若是告示牌上写着："此处水浅，不宜跳水！"你非得在那里跳水，肯定是愚蠢的行为。

另外，不论是出国旅游还是在外地旅游，选择住宿的酒店和飞机的航班，都有一些基本的常识要注意。经常乘坐飞机的人都知道，选择飞机应该首先选择声誉好的航空公司。声誉好的航空公司，其安全质量就有保障。还有，在可能的情况下，要选择大型飞机、现代化的飞机。就大型飞机而言，它的安全系数相对要高。如果你有足够经验的话，还应该选择直达的航班，尽量避免选择中途再次落地的航班。因为飞机的事故，往往是在升降的时候出现的。中途停留的飞机，会使你的危险系数上升一倍。想想看，乘飞机时如果中转三次，你的危险概率高了多少倍！因此，宁肯多花一点钱，也要避免一次又一次的中转升降，因为那往往是最危险的。

再者，住宿酒店时需要注意，应该选择有良好的国际声誉或者良好的口碑的酒店，特别是那种国际或国内连锁的酒店。相对来讲，这样的酒店服务标准比较高。旅游于己于人都以快乐为本，所以安全是非常重要的。

刚才所介绍的主要是观光游览时如何独善其身的礼仪，接下来，再来介绍一些观光旅游时与人相处的礼仪。团队旅游或者亲朋好友一起出游时，对任何同行之人，都应该以礼相待。有时候我一个人随团出游，经常会被安排与另外一位男士共居一室。虽然大多时候只是一个晚上，我也需要届时与他和平共处。从交往的角度来讲，与人共处的能力是一个人的最重要，也是最基本的能力。大体上来说，旅游时与他人共处需要注意下列三个要点：

第一，要尊重别人的习惯。每个人的生活习惯往往各不相同。比如，你喜欢晚睡，他喜欢早睡；你喜欢晚上睡觉前洗澡，他喜欢早上起床后洗澡……。遇到这样的情况，最好事先沟通一下。假如我与一位不认识的先生同住一个房间，我会说"先生，请问您贵姓？""姓王。""王先生，不好意思，你晚上几点睡觉？睡觉前爱看一会儿书吗？"通过这样的交流，既了解了对方的生活习惯，自己也可以提前作好准备。无论如何，都要尊重别人的生活习惯。

第二，要遵守公共场合的秩序。置身于公共场合时，一定要自觉遵守其秩序。比如，旅游团的导游告诉你，在这个景点待三十分钟，到点必须回来。我参加过旅游团，发现有个别不自觉的同志，说好此处自由活动三十分钟，结果人家三个小时以后才回来。就是因为他的不自觉，导致我们下一个景点都没时间去了。一个景点一辈子也许只有去这一次的机会，就因为一个不遵守约定的人，耽误了绝大多数人的既定安排！那样肯定会招致大家的不满。所以遵守规定、遵守秩序，是与大家合作非常重要之点。

第三，要使用规范的礼貌用语。我们曾经反复讲礼貌用语的重要性，这一点在国际交往中尤为重要。和身边的人打交道，会有持续性的接触。但是到了一个景点，有的时候可能这辈子就跟别人说这么一句话。在这种情况下，对对方使用礼貌用语是非常必要的。比如，我正在拍照，一位同志挡了我的镜头，我会对对方说："小姐，不好意思，你能不能让一下，你挡住我的镜头了。""唉呀，先生，您也拍照是吧？您先拍，您拍完了我再拍。"就这样一句简单的礼貌用语，会让双方的心情都很愉快。退一步海阔天空，接下来与别人的合作也就顺利了。需要别人帮忙或者互相合作的时候，不使用礼貌用语是非常别扭的。当我们在旅游景点遇到他人之时，尤其是正面与对方进行交际时，必要的礼貌用语是沟通的重要工具。

以上这几个方面：交际舞会、观看演出、旅游观光等等，实际上涉及到了我们日常生活和交往的不同方面。在此类娱乐休闲活动中，如果在礼仪上能够表现得好上加好，你就会真正地受到他人的尊重和友善的相待。

第 12 篇

享用酒水

人们常说：以茶待客，以酒会友。

　　古往今来，酒水在人际交往中一直都扮演着重要的角色。逢年过节时，更是少不了它们的身影，以至于无茶不会客、无酒不成宴。别看推杯换盏碰得轻松，呼朋唤友喝得酣畅，酒水中的具体礼仪还真的不少。目前，除了人们常饮的茶之外，各种各样的洋酒、各种品牌的咖啡也已悄然而至，进入了我们的日常生活。酒水的具体选择多了，你所需要注意的礼数也就多了。敬茶有什么讲究？喝洋酒需要搭配什么？喝咖啡怎样才称得上优雅？如果把这些问题解决，那么不管红茶绿茶、洋酒咖啡，你都可以应付自如。下面，我就谈谈酒水中的礼仪，以便让你喝得优雅，喝得开心。

　　中国人过去讲："开门七件事：柴、米、油、盐、酱、醋、茶。"由此可见，吃与喝在日常生活中向来是息息相关的。不论俗客还是雅人，吃喝都是我们每个人不能回避的大事。但是在日常交往中，掌握酒水礼仪是非常有必要的。举个例子，当你斟茶倒水或者续饮料时，是倒满了杯子好，还是不满杯为好？如果你了解现代时尚或者现代礼仪的话，就会知道其中的技巧了——酒满敬人，茶满欺人。它是我们中国人日常生活中约定俗成的规定。但是反过来说，"酒满敬人"适用的范围大概也仅限于我们国家。在欧美一些国家，很少有把洋酒倒满杯子的时候。在那里，"酒满敬人"自然也就不灵了。比如，你到酒吧去，要一杯白兰地或者一杯威士忌，从没有见过倒满了的。所以倒酒也有其分寸。另外，斟茶倒水时，上茶的前后顺序亦有其一定的讲究。

有一次，我去一个机关讲课。来者都是客嘛，所以我一进门，他们的一位领导就一直陪着我。我们就座后，他马上吩咐："上茶。"

立刻进来了一位做服务工作的女同志。她大概是同那位领导很熟，倒了第一杯茶，然后想都没想，就放到领导面前去了。结果把领导搞了一个大红脸，他对我说："你看我这单位没规矩吧！"

接下来，他告诫那女同志："第一杯茶你得给金教授上，金教授是客人。"那位领导说得对，上茶时的顺序，从来都是讲究先宾后主的。

先宾后主，这是上酒水时最基本的礼貌。在日常交往中，关于酒水的礼仪很多。当然，有些也不一定是礼仪问题。比如，经常会有女同志问我："吃饭的时候，我被人家灌酒怎么办？"它显然属于我们日常交往和生活中需要注意的个人教养问题。

什么是酒水？酒水是对我们日常交往中在正式场合所饮用的饮料的一种统称。它包括含有酒精的饮料，就是我们所说的酒；还有所谓的软饮料，即不含酒精的其他饮料，比如，水、果汁以及其他类型的饮料。在日常交往与工作中，我们遇到最多的饮料，大概主要就是以下几种：茶、咖啡和洋酒。以下，分别对其基本礼仪一一进行介绍。

首先，介绍茶的礼仪。中国是茶的故乡。中国人的日常饮料，自然是以茶为主。不管饮用可口可乐多么时尚，不管喝矿泉水多么时髦，对于中国人来讲，茶才是我们待客时的首选。中国人传统的待客礼俗，无非就是两句话："坐，请坐，请上座；茶，上茶，上好茶。"所以在日常交往中招待客人时提供茶，是必不可少的礼数。我们需要注意的问题，主要有以下几点。

第一，品种的区分。中国的茶，也分很多类型。正像中国地大物博一样，不同地区的人对喝茶也有不同的讲究。比如，真正的老北京人比较喜欢喝花茶；江浙人喜欢喝绿茶；在我国的台湾省、福建省、广东省，那些地方的人却喜欢喝乌龙茶。乌龙茶实际上是一种半发酵的绿茶。人家为乌龙茶取了一个非常好听的名字——"绿叶红镶边"，因为它只发酵了一半。当你把乌龙茶泡开以后就会发现：中间那块是绿的，边上发酵过的部分则是红色的。此外，去过西藏、内蒙古、新疆的人，会发现那些地方的人喜欢喝压缩茶。比如，多数生活在牧区的人，喜欢喝砖茶。把砖茶与牛奶一起煮了，就是奶茶。如果你去过云南，你还会注意到当地的普洱茶也是很不错的。

我在这儿不厌其烦地讲茶的品种，有什么用意呢？你是否记得，此前我介绍过交际礼仪有一个基本原则：交际应当是以交往对象为中心；尊重对方，就要尊重对方的选择。所以在所谓的"茶，上茶，上好茶"之前，一定要特别明确：你所认定的好茶，是否也会获得他人的喜爱。

比如，我是江浙人。在我家乡那儿，讲究喝茶时喝的是碧螺春、黄山毛尖或者西湖龙井。可如果是北京人喝茶时，则往往会偏爱花茶。所以，要以茶招待朋友时，最好先这样问："王先生，我家有新鲜的明前茶，绿茶、碧螺春；另外还有北京的花茶，而且是张一元的茉莉花茶，都是好东西，你喜欢哪一种？"要给对方留下一个可供其有所选择的余地，千万不要跟对方说："你就喝这个吧。"那样做，只能暴露你的礼仪知识欠缺。

第二，茶具的选择。中国人喝茶，是大有其特别讲究的。例如，工夫茶、三泡台，等等，其程序、用具往往颇有讲究。很多地区喝茶都是非常讲究的，要闻，要捧，要嗅，要敬，要续。茶文化传到了日本，还发展成一种所谓的茶道，一种具有表演的程序的饮茶方式。在家里自己喝茶或者接待客人的时候，倒不必特别讲究这个程序，但是一定要清楚泡茶的讲究。比如，使用瓷器、瓷杯、紫砂陶

具泡的茶，口味就比较好。再好的茶，你用一个普通得不能再普通的玻璃或不锈钢杯子去泡，就会失去了很多的味道。

此外，从以茶接待客人的角度来看，有一条礼仪是要着重注意的，即招待客人的茶具一定要干净、整洁、完整无损。这是招待客人饮茶时的最基本的礼貌。在个别公共场合用于接待客人的杯子，不是裂了，就是杯子口上缺一个边，它一上来立刻就给人一种丑陋的感觉。

我记得有一次到一位朋友家去，那位朋友用来泡茶的是一个茶垢遍布，裂了缝的，肮脏不堪的杯子。这样一来，令我十分尴尬。他用那只杯子所泡的茶端给了你，不喝吧，不礼貌；喝吧，真的难以下咽。

透露一个我个人的生活习惯：我去公共场合或者到别人家里的时候，如果对方给我所泡的茶使用的是公用杯子，我宁肯不喝，或者只喝用一次性纸杯泡的茶。我知道用纸杯泡的茶会失去它的原汁原味，但是我宁肯选择它。我经常对接待部门或负责接待的同志说："如果接待的客人比较多，需要客人自助或者实在应接不暇的话，最好用一次性纸杯去上袋泡茶。虽然纸杯泡不出好茶来，但是用它来泡袋包茶有好处：一是可以节省费用，二是取茶的方法比较文明。取茶是一个很麻烦的过程。例如，去朋友家里，或者去开会，他拿着一只茶杯帮你泡茶续水的时候，他说给你泡杯好茶吧，我倒是乐意，可是有人具体的取茶过程太容易让人望而生畏了。

有一天，我去了一个朋友家里做客。朋友对我说："老金，知道你们南方人爱喝绿茶，我这儿有新鲜的黄山毛尖，2000 元一斤，给你上一杯茶品一品吧？"

我听后特别高兴，当然答应了。他抱着一只茶叶罐子跑了出来。突然，一场恐怖的景象出现在我的眼前：他伸手一边抓着茶叶，一边问我："够了吗？"与此同时，他还用手蹭了一下鼻子，接着再去抓茶叶。又问："够了吗？"然后又蹭了一下鼻子……

唉！这杯茶让人要也不是，不要也不是；喝也不是，不喝也不是。

第三，上茶的讲究。严格来讲，在正式场合里，上茶是有讲究的。例如，给正在开会的客人上茶，最标准的做法，是从其右后侧上茶。

假如我正在台上作报告，你从正面走过来给我上茶，我就容易因此分神，台下的听众也是如此。而且你给我上完茶后，我还要表示感谢，那样会影响我的思绪。所以比较规范的做法：就是从我的右后侧上茶，因为一般人都是用右手端茶杯，从这个方向上茶是最适合的。届时应当注意的是，杯子的把手要朝外，那么有利于饮用者拿起杯子。想想我是用右手拿杯子的，而杯子把手朝内，我应该怎么拿？这些小细节都是很有讲究的。

上茶的顺序，也有其讲究，总结下来有这样几句话：先宾后主，先女后男，先尊后卑。如果是一男一女两个人饮茶，上茶时一般都是女士优先。在外面吃饭时，这一点也是最基本的规矩。

如果在家里接待客人的话，上茶的基本顺序是先给客人上，后给主人上。宾主双方不止一个人的时候，标准化顺序是先给客人一方上，排序则是以地位的高低为准，然后再给主人上，也是以地位的高低顺序为标准。总之，在正式场合里，上茶的顺序是非常讲究的。礼仪讲究排序，排序时不可不慎。

接着，我要讲的就是品茶。在比较重要的场合，例如，茶座、茶楼、茶室，或者一些少数民族聚居区，往往会有茶道表演。对交际较多者而言，学会品茶也是必不可少的礼仪。

其一，态度要谦恭。关于品茶，首先所要注意的就是神态要谦恭。人家给你上了茶，你要说一声谢谢。有些地方讲究回之以"扣指礼"，就是用手指在桌子上敲一下。据说"扣指礼"是乾隆皇帝那个年代传下来的一个典故，它现在在南方以及港澳台地区特别盛行。

据说，乾隆在位时非常喜欢微服私访。有一次他来到了苏州，当地官员知道他在这里，却又不知道他具体在哪个地方。他们担心万岁爷出事，于是就派人去四处寻找，结果发现乾隆独自在一个人在茶楼里喝茶。这些人上去之后，跟乾隆跪也不是，不跪也不是。一跪人家就知道这是皇帝，没准附近就有威胁乾隆人身安危的人，那可担待不起。但是又不能不向自己的当今圣上表示恭敬之意。乾隆也是一个很有意思的人，当那些人躬身向乾隆致意的时候，他很巧妙的用右手中指和食指曲一曲，在桌子上敲了两三下，意思就是看见你们行礼，我也回礼了。此即"叩指礼"的出处。

这一约定俗成的动作，并不一定值得我们去模仿。但当人家为你服务的时候，答之以礼则是一种基本的教养。

其二，姿态要优雅。喝茶的时候，千万不能发出响声。另外，茶叶万一进入嘴里，如何拿出来也是有讲究的。茶具上有一个盖，可以拿盖子撇一下茶叶再去喝。但是万一茶叶进了嘴里，千万不要再吐回茶杯里面去。

其三，品茶要得法。当别人向你献茶之后，首先应该把杯子捧到鼻子边嗅一嗅，然后抿上一小口。要让茶的液体停留在口中，先用舌头浸一浸，然后再慢慢地咽下去。不管你能不能真正喝出它的味道，但在程序上一定要做得到位。有些人只会做牛饮状，咕咚一下，一杯茶就下去了。人家表演了半天的茶道，那一杯香茶你怎么样也要喝上三四口，要对对方意思一下。一饮而尽，那是解口渴，完全没有品茶的意思。

其次，介绍咖啡的礼仪。在日常工作与生活里，饮咖啡已十分普遍。如果不懂得喝咖啡的技巧，便会遇到让人尴尬的事。有一天我和一个女孩在聊天，我问她："你注意了吗？欧洲影视片里，西方人点咖啡的时候，有身份的绅士和淑女经常会选择黑咖啡。"倒过来说，他不要白咖啡。白咖啡又叫法式咖啡，即法兰西咖啡。它实际上是一种加了牛奶的咖啡。大多数人在外人面前都不会选择白咖啡，而往往只选择黑咖啡，这里面是有讲究的。

在欧洲人眼里，喝黑咖啡是有身份者的象征。为什么呢？因为过去的时候，黑咖啡是在人们吃完正餐之后喝的。我们曾经讲授过西餐礼仪。一次正规的西餐，它的菜会有很多约定俗成的食用程序。先吃开胃菜，接着喝汤，然后吃鱼，接着吃肉；接着要吃布丁和冰激凌，还有水果，最后是享用点心。这样一个大全套的西餐吃下来，人们往往会感觉很腻，所以再让他喝加了牛奶的白咖啡，是根本咽不下去的。在这个时候喝一杯黑咖啡，就类似我们中国人吃了油腻之后惯于喝杯酽茶去腻。只有天天吃大鱼大肉的人才会经常喝黑咖啡，因此它就成了有身份的象征。久而久之，欧洲人在应酬外人的时候点黑咖啡，就成了有身份的一种标志。

饮咖啡时，其具体品种颇有讲究。对咖啡的品种，需要了解的相关知识大体上有如下这么几点。

第一，强调上现磨现煮的咖啡。有条件的话，待客的咖啡应当是现磨现煮的。当然，很多中国人是没有这种讲究的。我们没这个能力来以此招待客人，另外也煮不出它的那种醇香的味道。在一般情况下，可以用速溶咖啡来招待客人。但是不要刻意强调它是速溶咖啡，因为它属于快餐类饮品。以之待客，就跟没有能力招待对方的时候请他吃方便面的一样。

第二，关注咖啡豆的具体选择。 不同产地，会出产各自不同的咖啡豆。要记住一些知名的咖啡，比如，蓝山咖啡、爪哇咖啡、巴西咖啡、哥伦比亚咖啡。有喝高档咖啡经验的人都知道，牙买加的蓝山咖啡是非常有名的。当人家告诉你："老王，这杯咖啡是蓝山咖啡。"切记要夸奖他的咖啡，因为一杯蓝山咖啡要好几百块钱，物以稀为贵。蓝山咖啡的确比较醇香，它跟一般的咖啡不可同日而语，所以煮咖啡不但要磨、要煮，而且咖啡豆的具体选择也是很讲究的。

第三，如何往咖啡里添加东西。 讲到此处，普通人的经验往往就是加伴侣或牛奶，其实它还有很多加法。例如，所谓的皇室咖啡，实际上就是加入了白兰地酒的咖啡。

据说拿破仑大帝 19 世纪初率法军征伐俄罗斯的时候，天气非常寒冷，拿破仑和他的士兵都在挨冻。于是他想了一个办法：既然喝咖啡不能够御寒，干脆就把白兰地加了进去。具体做法是：装上一勺白兰地，在泡好的咖啡上面点燃后任其挥发，使白兰地酒的香气跟咖啡的香气混合在一起。这就是所谓皇室咖啡。

在咖啡里，还有加入威士忌酒的，加入奶油的，甚至还有加入茶的。它们之间有着不同的讲究，比如，在日常交往中，我们出入高档社交场所的时候，往往能碰到一种所谓的高压蒸汽浓缩咖啡——意大利式咖啡。它实际上是采用一种特殊的器皿把咖啡浓缩了。它的专用杯子非常小，比成人的拇指只稍大一些，可以称得上是咖啡中的精华。它可以不加牛奶，也可以加牛奶。前者即所谓浓缩的黑咖啡，后者即所谓浓缩的白咖啡。喝这种意式咖啡，通常一杯就足够了。

喝咖啡，实际上是我们社交场合的一种点缀。喝咖啡主要以提神、点缀为主，并不能为我们带来解渴的满足。所以在喝咖啡的时候千万要注意，不能连续不断、一杯又一杯地喝。虽然也有冰咖啡，但是绝大多数咖啡都是热的，甚至烫的，所以你就必须慢慢地喝。

如果在比较重要的场合喝咖啡，还要注意喝咖啡的具体程序问题。一般全套上来的咖啡，是一个碟子、一个杯子，还有一个勺子。此外，还有糖、牛奶等等。那把勺子是不用的，它只是放在托盘上面的一个点缀，千万不要让勺子躺在杯子上面，更不能让它立在杯子里面，这在很多国家都是忌讳的。切记不要乱用勺子。喝咖啡时，勺子顶多有两个作用:其一,加了牛奶、糖块之后,略加搅拌。其二,咖啡比较烫,可以稍微搅一搅。

在国外，有一种社交活动的具体形式叫做咖啡会。它是一种家庭式聚会，家人、朋友之间那时会一块儿在庭院里面自由地走动、自由组合、自由交际。这个时候，咖啡杯要怎么拿呢? 一般情况下，标准的拿法应该是用左手拿着碟子，然后杯子站立在它的上面。

千万不要像拿了一把茶壶似的用手拎着，像老人家遛鸟一样，一手拿着笼子，一手拎着茶壶。这样的动作在非正式场合是没有关系的，但是在正规场合，用手捂着咖啡杯是非常不合适的一种做法。

那么喝咖啡的时候又要注意怎样的礼仪呢？如果是坐在桌边喝咖啡，碟子在桌上放着，拿起咖啡杯直接喝就可以了。如果是坐在桌边喝咖啡，还把碟子连杯子一起端起来，会有装腔作势之嫌。但是如果是在外面走动，比如，你在露天花园里走走，或者站着和别人谈话，这个时候标准化的做法是：首先连杯子带碟子一块拿起来，然后把碟子端到齐胸高度，左手拿着碟子，右手把杯子拿起来喝。把碟子端到齐胸的高度，可以使流出来的咖啡正好流到碟子里，而不至于弄得自己满身都是。

最后，介绍洋酒的礼仪。洋酒作为舶来品，流传到我国也就一两百年的历史。由于各种原因，很多人对此还不太熟悉。比如，洋酒有一个最重要的讲究，就在餐桌上吃喝而论，洋酒跟菜肴之间是有其固定搭配的。吃西餐、吃不同的菜肴时，喝的洋酒往往应有所不同。最基本的规则是：吃红肉喝红酒，吃白肉喝白酒。此处所谓白酒和红酒，指的就是干白和干红。如果你对洋酒有所了解的话，你就会知道餐桌上酒菜的具体搭配有好几种程式。不像我们吃饭喝酒的时候，往往只是一种酒。朋友相聚，一箱啤酒往那儿一放，直到把你喝倒为止。而西方人是比较讲究的，他们吃一道菜往往换一种酒，酒和菜都有着不同的特定的搭配。

下面，把一些约定俗成的规则再具体介绍一下。

最基本的搭配是先喝白酒，后喝红酒。这是第一个规则。我这里所讲的红酒和白酒都是葡萄酒。

第二个规则：先喝浅色的酒，后喝深色的酒。西方人餐桌上喝的酒基本上都是葡萄酒。比如，香槟酒，就是一种发泡葡萄酒，经过特殊的工艺让它发泡。白兰地酒也是一种葡萄酒，是蒸馏葡萄酒。一般而言，外国人在餐桌上所喝的酒都是葡萄酒，中国人爱喝的啤酒在他们眼里只能算是一种饮料，是不能上桌的。葡萄酒除了红和白之外，还有一种介乎二者之间的颜色——玫瑰红，国内有人叫它桃红。相对红葡萄酒来说，它的颜色比较浅。喝洋酒要讲究搭配，通常要先喝白的、后喝红的。

第三个规则：先喝年份近的酒，再喝年份远的酒。洋酒讲究其储藏的年份。相对来说，存放的年份越长酒就越名贵，味道就越醇厚。所以如果在餐桌上有好几种葡萄酒的话，一定要先喝年份近的酒，后喝年份深的酒。这是为什么呢？因为年份久的酒很名贵，是要用来压轴的。

第四个规则：先喝味儿淡的酒，后喝味儿浓的酒。像白兰地、威士忌、金酒等一类味重的、烈度比较大的酒，一般都是用于压轴的，是最后喝的，是用来化解油腻的。味道淡的酒，往往要先饮用。此外，如果酒的口味有甜有酸，那么就要先喝味儿酸的酒，后喝味儿甜的酒。甜酒一定要放在最后喝。道理很简单：因为甜酒很腻，一喝就饱，所以要把甜酒放在最后喝的。

进行社交活动时，欧美人喜欢到酒吧去喝酒。如果被外国人宴请，你会发现：工作餐，朋友会晤或聚餐，他们一般都是不喝酒的。不像中国人过得那么幸福，如果有空，每餐必喝。他们怕影响工作、影响社交，所以上班期间是不喝酒的。只有在欢迎宴会、告别宴会等一些社交场合才喝酒，还有就是休息时去酒吧里喝。那么在酒吧里应该选择什么酒呢？在酒吧里，人们比较喜欢喝威士忌和鸡尾酒。

威士忌是比较烈的。盛产威士忌酒的地方是英国，苏格兰威士忌非常有名。它可以加上苏打水或冰块喝，也可以净饮，但是它的烈度比较高。威士忌酒含酒精量是40度，这是非常厉害的度数。白兰地酒、威士忌酒，它们的酒精含量都是40度，都属于非常烈性的酒。

鸡尾酒的品种有很多。所谓鸡尾酒就是用酒、果汁和其他饮料，包括不同酒类搭配在一起的一种混合性饮料。一般来讲，人们在酒吧里比较适合喝鸡尾酒，或者是在各种宴会场合喝它。饮用鸡尾酒时，有一个讲究需要注意：不同的鸡尾酒品种，适合不同的对象。它有一个身份的确认的问题。比如，有一种鸡尾酒叫做红粉佳人，它是适合女士们喝的一种鸡尾酒，因为它的味道比较淡。你问我："金教授，我一个大男人跟大家一块去泡酒吧，我也要一杯红粉佳人，那样不合适吧？"答案自不待言。还有一种名字比较女性化的鸡尾酒叫做血腥玛丽。血腥玛丽是一种烈度比较高的鸡尾酒，虽然它有一个女性化的名字玛丽，但女士们一般是不喝这种酒的。它的酒精度比较高，要是一个年轻姑娘点这种酒，就如同我们看见一个淑女突然蓄起胡须一样，让人匪夷所思。

在餐桌上吃饭的时候，喝洋酒又有什么讲究呢？此类酒可称之为餐桌酒。餐桌酒通常可以划分为三大类型：餐前酒、佐餐酒、餐后酒。

所谓餐前酒，是指吃主菜之前所喝的酒。就像吃西餐一样，它是用来开胃的。这种酒的味儿比较清淡，或者以酸甜为主。西方人比较喜欢喝的餐前酒有鸡尾酒、香槟酒等。你要注意，香槟酒的杯子是有讲究的。在正式场合里，外国人会用不同的酒杯来装不同的酒，而我们的一些人往往就比较随意了，有时候拎着瓶子就喝或者拿着茶杯喝。

最常见的香槟杯，是郁金香形酒杯。它细长细长的，杯腿像是一根细长的管子，杯身则像郁金香花蕾一样。香槟酒杯标准的拿法，是用手指捏着杯腿。因为香槟酒最佳的饮用温度是摄氏4度左右，它事先需要冰镇。刚从冰桶里拿出来的香槟，瓶子一开，泡沫就会四处飞溅，有着喜庆的意味，而且泡沫飞迸，令人感觉会很好。它是因为冷冻过才有香醇的味道，用手握着杯身泡沫就会变少，喝起来也就口味不纯了。这种郁金香形酒杯，也可以装鸡尾酒。香槟酒的杯子还有另外一种：半球形酒杯。它适合在签字仪式、宴会上使用。在西方比较重要的场合里，用来干杯的酒只有香槟酒，这一点与我们是不同的，我们的一些人一般什么酒都可以干掉。外国人比较讲究程序，用来干杯的酒、祝贺的酒，惟独只有香槟酒。此外，开业、剪彩、签字仪式、新船下水，这样一些表示祝贺的场合，他们都饮用香槟酒。

在吃肉或鱼这一类主菜的时候，所喝的酒就是佐餐酒。它一般都是白葡萄酒或红葡萄酒。在西餐宴会上，桌子上通常会放三个杯子。这三个杯子都摆在你右手的正前方，由外侧向内侧依次排列，那么这三个杯子有怎样的讲究呢？最外面是用来喝白葡萄酒，中间的是红葡萄酒杯，最里面的则是清水杯，杯子由外侧到里侧越来越大。白葡萄酒的酒杯最小，红葡萄酒杯居中，水杯则最大。实际上，佐餐酒主要就是红、白这两种葡萄酒。白葡萄酒是配白肉喝的。所谓的白肉，是指鸡肉、鱼肉，是海鲜与禽类的肉。做熟之后，它们肉的颜色是白的，味道比较淡。白葡萄酒的味道比较淡，所以它们搭配起来比较爽口。

需要注意的是：白葡萄酒最佳饮用温度在摄氏 13 度左右，一般应在 10 度到 15 度之间。如何达到这个温度呢？标准化做法，就是往准备喝的白葡萄酒里加冰块。白葡萄酒杯与红葡萄酒杯的容量差不多，白葡萄酒杯稍小一点。但一定要记住，它的标准化拿法是拿杯腿，用手握住加了冰块的杯身，等于白费功夫。

红肉主要是指羊肉、牛肉、猪肉，它们的味道比较浓厚，带有

腥臊味，适合于红烧或者烧烤。所以吃红肉时，就要配味道比较重的红葡萄酒。红葡萄酒的标准饮用温度是摄氏 18 度左右。因此，喝红葡萄酒的标准做法，就是什么也不加。用我的话来讲，向红酒里面加雪碧比较傻，加柠檬尤其傻，加冰块特别傻。全加，就是大傻，特傻！红葡萄酒的温度本身就在 18 摄氏度左右，红酒杯的标准化拿法是拿杯身，而不是拿杯腿。

主菜吃完了，需要化解油腻。此刻喝红茶也行，喝黑咖啡也行，当然也可以喝酒。此时所饮用的酒，即餐后酒。餐后酒是指白兰地和威士忌。外国人有个习惯，吃完了主菜，主人会致欢迎辞或告别辞，致辞的时候会宾主彼此干杯，那么这个时候喝香槟酒也是可以的。有的时候，还会喝一些甜酒，像雪莉酒、金酒之类。前面已经提到过，一定要坚持先喝淡的，后喝浓的；先喝酸的，后喝甜的。在许多重要场合，我们所见到的餐后酒之中最重要的就是白兰地酒。白兰地酒是盛宴的压轴戏，通常好货都是最后出来的，所以它是最经典的餐后酒。

在白兰地酒上来的时候，主人会向你隆重地推荐它。在正规的场合，最好的酒，第一杯酒是先要给主人喝的，俗称试酒。为什么主人要首先试酒呢？它表面是要验明此酒的正身，其实是告诉客人可以放心大胆地喝，它没有毒。古代打仗，城下之盟时担心敌人下药，所以饮酒时一定要主人试酒。它其实也是一种程序。

白兰地酒的最佳饮用温度是摄氏 20 度左右。白兰地酒杯是大肚子、小口、矮腿杯。其标准化拿法是：用中指和无名指夹住杯腿，让整个酒杯坐在手掌之上，用手掌托着杯身。喝白兰地的程序有三：

其一，是观其色。先托起来看着酒杯，据说像 XO 这种高档次的酒都是清澈透明的，透过薄薄的酒杯，手指掌纹可以看得非常清楚。其二，闻其香。要把酒杯移到鼻子附近嗅一嗅，因为是好酒，所以要给主人捧场。为什么要有这个程序呢？因为一般的酒，在瓶子里时的温度大概也就是十七八摄氏度，但是白兰地杯身比较大，杯底也比较薄，在掌心托上它几分钟，实际上是通过手掌心给杯里的酒加温。这是其中的一个奥妙之处：表面上是在品酒、观酒，实际上是在给酒加温。这样的一来，它喝到嘴里的味道就更香醇了。其三，小口慢品。饮用任何一种洋酒，尤其是饮用白兰地时，最忌讳狼吞虎咽、一饮而尽。一定要将它一小口、一小口地慢品细尝。

不管喝中国的酒，还是喝洋酒，我主张都要注意以下两个问题：第一，一定要量力而行。有的时候，一醉方休是一种快乐。但有的时候，一醉方休也会影响工作，甚至伤害身体，并会给别人添麻烦，所以饮酒一定要量力而行。第二，要充分尊重客人的选择。双方之间要互相照顾，不要随便强灌别人。如果人家说不能喝、不愿意喝、不想喝，那就千万不要勉强对方。有些人总爱说，喝不喝我敬你的酒是你对我的感情问题，什么"感情深一口闷，感情浅一点点"，这些做法都不符合现代社交的时尚。

美酒加咖啡，还有茶香缕缕，往往会令我们平淡或紧张的生活有滋有味。但是，除了它们，除了要有优雅的环境之外，我们的现场交际还应包括当事人的个人教养在内。它们都缺一不可。

第 13 篇

自助用餐

过年放假时，少不了要摆酒设宴，亲朋好友往往会借此机会相聚一堂。俗话说，众口难调。如果你想既卫生、节俭，又能让每个朋友都吃得开心满意，自助餐就是一种不错的聚餐时的选择。面对各式各样的珍馐美味，端个盘子，随便吃，随便坐，自助餐的确给了人们极大的自由空间。自由归自由，作为一种交际活动，在满足个性的同时，自助餐也有它自己的礼数。自助餐的餐序是什么？主办自助餐时需要注意的问题有哪些？取食菜肴又有什么讲究？以下，我就和大家聊一聊自助餐中的礼仪。

　　别看自助餐貌似很简单，你要是不注意相关礼仪的话，有时依然会麻烦缠身。

　　有一次，我到北京的某家五星酒店参加活动，正好碰到我的大学老师的女儿。我问她："你在这儿干吗呢？"

　　她说："金教授，我们在这儿实习，在这里的一家公司实习。"

　　"晚上我请你吃饭吧？"因为她家离我家很近，我说，"晚上请你吃饭，然后我捎你回去。"因为老师对我挺好，他的孩子我得照顾。

　　她说："好吧。"

事不凑巧，到了晚上，有一名外国记者临时要采访我。于是我就提前跟这个女孩子说："不好意思，有一位外国记者要采访我，我们一边谈一边吃，你如果不嫌烦，你就过来。如果你嫌不方便，那我请你在这个酒店自己去吃自助餐，你吃完了算我的账。我已经告诉管理员了，我会替你买单，你别客气。然后你还是跟我一起走。"

　　那个女孩子很实在，她说："那样的话，我还是自己去吃自助去吧。"我说："行啊，你在这儿有一起实习的朋友吗？"

　　她说："有一个朋友。"

　　我说："那就叫上你的朋友一起去吧。"

　　结果她们两个人一起去了。晚上，记者采访完了之后，我要走，我约这两个女孩子一起回去。我在前面开车，她俩坐后面。路上我问："吃好了吗？"

　　她说："看饱了。"

　　我问："什么意思？"

　　然后她们大笑，后来我才明白是怎么回事。原来她们对自助餐的菜式与餐序安排不太了解，乱吃了一通。吃饱了，但没有吃好。

　　与吃西餐或者中式宴会一样，吃自助餐时，先吃什么后吃什么，大有其讲究。我们都知道，酒店的自助餐是卖钱的。它为了卖钱，摆法很讲究。一般摆的是螺旋形，一圈一圈。你要是有足够的经验的话，在吃自助餐之前，一定要首先整体上视察一遍，这里的自助餐是什么档次，哪个菜对自己胃口。你要首先有所了解，然后再量力而行，抓住重点。但是，那两个孩子没有这方面的经验。她们一进去就眼花缭乱，马上就发现了冰激凌。说实话，那是最便宜的，可是好看，女孩子就爱吃这个，于是一人各吃了两个。冰激凌吃完了，又发现了蛋糕，一人又吃了两块。最后碰到鸡尾虾、三文鱼之类更好吃的东西，却已经没劲了，吃不下了，所以她们自嘲是"看饱了"。她们的小错误，主要就是因为她们对自助餐菜序不了解啊！

以下我打算比较全面系统地谈谈有关自助餐的几个具体问题。

首先，我来谈一谈自助餐的含义。其实，自助餐这个说法只是在我国比较普遍。在欧美国家，它最常规的叫法则是冷餐。自助餐在国外叫冷餐，吃自助餐的聚会叫冷餐会。当然，自助餐有其一些自身的特点，比如，自助餐中以鸡尾酒为主角的，一般叫酒会，它是鸡尾酒会的简称。20世纪80年代中期以后，我国外交礼宾制度进行了改革，为了节省经费、务实为本，集中精力搞好社会主义经济建设，我们驻外使领馆每逢国庆招待会和重要的招待会，一律改成酒会，不再搞大型宴会。酒会，就是以鸡尾酒为主角的自助餐式的宴会。它除了提供几种鸡尾酒，通常还会再提供一点小吃。

此外，自助餐还有一个变种，叫茶会，它在国外比较流行。所谓茶会，在英美国家实际上是一种女士社交的活动。欧美国家一些有钱的家庭，女士在结了婚之后就不再工作，只管照料家庭，男主外女主内。但是女人也需要交际，而且夫人之间的交流对其先生的事业也会有所帮助。西方国家夫人社交，一般就采用茶会的形式。一般茶会在下午的两点到四点之间进行，设在客厅或者在花园里。

届时，大家坐在一块儿喝喝茶，聊聊天，表面上谈谈狗、谈谈孩子、谈谈时装、谈谈消费，实际上是彼此结识，保持接触，进行沟通，进行交际。比如，你是一位建筑商夫人，我是一位材料商夫人。我们两个认识了，往往会对自己的老公有所帮助。

除了酒会、茶会之外，外国还有一种自助餐式宴会的特殊变种叫做咖啡会。表面上是大家坐在一起碰个头、喝喝咖啡，实际上它也是一种自助餐。那时你爱吃就吃，不爱吃就不吃；爱多吃就多吃，爱少吃就少吃。它的自由度很高，其参加者的沟通往往因此而更加有效。

究其根源，自助餐是谁发明的呢？全世界谁最爱吃自助餐呢？据我所知，自助餐是德国人发明的，它是德国人的专利，而全世界最爱吃自助餐的也非德国人莫属。如果你去过德国的话，你就会发现德国人最爱吃冷食，所以冷餐会最早的来源地就是德国。

自助餐的基本特点，是不排座次、不讲究上菜的顺序，由大家在现场自由选取，这样大家吃东西时就比较放松。

我们就用餐之际上菜的方式来讲，有以下几种。

第一种，叫混餐制。混合用餐或者合餐，是中国家庭里请客吃饭最常用的一种方式。比如，麻婆豆腐就上一盘，大家都用自己的餐具在那儿夹；鸡汤就上一罐，大家都在那儿舀。其实这种方式不适合社交宴请，尤其不被外国朋友所接受。道理很简单，这种吃法不文明、不卫生。

北京人爱吃涮羊肉。现在讲究了，一人使用一只火锅。过去大家合用一只大锅，吃完了还要喝汤。一名外国朋友跟我讲："吃涮羊肉时，我只敢吃肉，但不敢喝汤，因为那里面全是众人的唾沫。你看大家那勺子进去来回舀啊……"

混餐，通常比较适合和自己最熟悉的人一起吃。与外人一起吃，有时候往往会有点别扭。除了不卫生之外，还不公平。比如，上大对虾，可能这盘一共只有八只，一桌子的人一人一只。碰上能吃的人，他一个人一下子就吃了三只，就会有两个人吃不上，所以这就不公平。

第二种，叫分餐制。实际上，当代的宴会比较喜欢采用分餐制。像我们现在的国宴就是分餐制，它在商界尤其盛行。分餐制，一般叫做中餐西吃，就是每道菜分给每个人一份。比如，每个人烤羊肉串就两串，玉米棒就一块，想多吃没有，不想吃也可以。这样做，想浪费也浪费不到哪儿去。分餐制的用餐方式比较文明，而且比较节约，让客人吃得放松。

第三种，叫自助制。自助式用餐，即吃自助餐。其实，用餐方

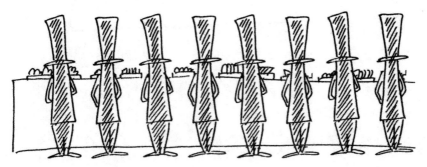

式中最实惠、最省事的方式就是自助餐。到时候人们各取所需，你爱吃什么就吃什么，你想多吃就多吃，你不想吃就不吃。但是，分餐制的时候你不想吃就不行。人家隆重推荐说这道菜是看家菜，哪怕你根本就不想吃，你也得去吃。

总之，我们现在宴请一般有这三种方式：**一是混餐制；二是分餐制；三是自助餐**。此外，还有一种用餐方式叫做公筷制。它实际上是混餐制的一个变种。但是它的餐具使用有其特殊的讲究，它一般比较适合家宴。比如，我请两个外国客人到家里吃饭，实行分餐制不仅小题大做，而且往往也不合适。中国菜分餐的话，它的味道可能就没有了，比如，糖醋鱼就那么一条，一浇汁看着好看，菊花鱼整个一大盘看起来也好看。你把它切了，鱼头能分成四块吗？尾巴能分成六份吗？它不好分。所以对于家宴来说，你可以采用合餐，但是餐具应该是公用，拿公用的餐具把菜夹到自己的盘子里，然后再用自己的餐具去食用。此即所谓公筷制。届时，公用的餐具应该有特殊标志。比如，公用的餐具应该比一般的餐具稍大，或者其颜色与众不同，否则操作的时候容易失误。比如说，我拿公用的筷子夹了菜之后，本该改用自己的筷子。但此刻你却来找我说话："金教授，我问你一个问题。"这样一说话，我就忘了区分哪个是公用的哪个是自己的，结果就拿公用的筷子吃起来了。

总之，自助餐是讲究个性、讲究效率、讲究务实为本的现代人所欢迎的形式。从礼仪的角度来讲，自助餐有什么基本的要求呢？它一般有以下三大具体要求。

第一，**形象自然**。什么意思呢？就是你去吃自助餐时，没必要穿晚礼服、穿西装套装。你穿一件旗袍去肯德基吃鸡腿，好像有点小题大做吧！同样的道理，你去吃一个很简单的自助餐、酒会、茶会，却西服革履、西装笔挺、浑身喷香，专门做了一个发型花了600元，而吃自助餐才花了50元，这可似乎有点得不偿失。所以说，参加自助餐这种宴会时，着装或者化妆只要过得去就行。不要光着膀子，别穿一条短裤，别趿拉一双凉鞋，别浑身恶臭，别穿着类似丐帮的服装。只要过得去，形象整洁就行了。这就是所谓形象自然。

第二，**时间自由**。这又是什么意思？就是你参加自助餐宴会时，没必要像参加正餐宴会那样准点到场，或与大家一起退场。在自助餐宴会上，你可以随时到随时吃，完全没有必要像正餐那样，大家都得等到主人到的时候，然后一起入场，一起就座，一起开动，一起结束，一起撤退。自助餐就是很随便，你只要不是最后到场就行。大家知道，这个自助餐你自己吃的话，如果没有用太长时间交际的话，大概半小时就能结束。但是正式宴会的话，包括家宴，大家都吃好，没有一个小时左右的时间不可能结束。如果大家说好了，今天中午去吃自助餐，你只要不最后去扫尾就行了。你最后去扫尾就不合适了，大家会感觉你就是为了吃来的。你如果怕与大家交际，吃了就走，那也不合适。一般来讲，参加自助餐聚会时，没必要准时到，准时走。你若有急事，迟到一点无所谓；吃完了，你给主人打一招呼，你就可以先走了。

第三，**不排座次**。严格来讲，自助餐是不排列座次的。你可以站，也可以坐，但自助餐上人们多半是自由就座的。我在国外参加过好几次非常正规的自助餐宴会，实际上是根本没有座位的。它们的布置很简单，很大的一个花园，一个很自然的 Party。你去的时候只要跟主人打声招呼，签个到就行了。在那里，你可以随便走，你碰到谁你想跟他认识，你就可以过去跟他交谈。你完全可以自由交际，你可以站，可以坐，随便走，随便吃。主人准备的餐食是放在某一个固定的位置的，你自己走过去拿就行了。除此之外，现场会有一些服务生端着刚刚出炉的点心、烤肉或鸡尾酒之类的，来回走动。你要想要，跟他打个招呼，过去取就行了。它讲究自由，你别替别人操心，人家爱吃什么自己会取来吃。我们有些同志爱管闲事，一会给你夹上一块鸡，一会替你弄块鱼，这样做就不好了。

接下来，来谈一谈主办自助餐宴会时主人所要考虑的几个具体问题。

首先，自助餐的适用场合。主人想要举办一次自助餐宴会的话，关键是要首先关注其适宜举办的最佳场合。我的个人经验是，如果公司、企业、机关要在大型的活动之后安排宴会，那么自助餐肯定是最佳首选。像举办亚运会的时候，除了参赛者，再加上记者，加上运动员，加上裁判员，加上国际体育组织的工作人员，一家酒店或一个餐厅往往要接待上千人。各位，上千人你怎么安排宴会？要用多少张桌子？况且有那么大的宴会厅吗？所以当时就主要安排了自助餐，而且是 24 小时开放的，人们可以随时到随时吃。它很好地解决了几千人的吃饭问题。

如果需要宴请的客人超过百人的话，自助餐通常就是一种最好的选择。你想想，宴会上动不动就有上百个客人你招呼得过来吗？平均每人敬上一杯酒，不把别人喝死，就把你喝死了。其实，在自助餐上你要照顾的就是你自己。除了主角之外，你把自己照顾好就行了。所以，举办大型活动时，自助餐是待客用餐时的首选。而且自助餐往往是辅助性项目，比如，开业、剪彩、庆典、仪式，自助餐实际上都是跟这些活动是捆绑在一起，作为其辅助性项目存在的。

其次，自助餐的场地选择。一般来讲，自助餐的场地有以下三种最佳选择。其一，自家地盘。如果条件允许的话，可以在自己家里或公司的礼堂、会场这样一些比较开阔的场地举行。最佳的选择是露天的庭院。比如，花园啊、园林啊、小型广场啊，在注意环保和不破坏现场的前提下，于此举办自助餐，效果是比较好的。有时候你还要考虑到其他因素的影响，例如，气候的问题。比如，北京刮起了沙尘暴怎么办露天形式的自助餐？那种时候，喝的酒全成了浑酒；吃的烤鸡全加了调料了，成了浑鸡了。下雨、刮风、下雪，都会影响就餐。遇到这样的情况，我们就要考虑在室内举行。在室内举行的话，我们一般还有另外两种场地可以选择。其二，星级酒店。大家都知道，一般的星级酒店，三星级以上的，都会提供自助餐，所以如果你请的客人不多，最省钱、最省事、最省气力的选择，就是到星级酒店去吃自助餐。它不仅省事，而且能保证及时供应丰富的、新鲜的食物。你要请别人吃自助餐，人越多成本越低。你一共请四五个人吃饭，却要举办宴会，怎么着也得搞十几道菜吧。你想想，你划不来的。其三，专营性的自助餐店。像北京原来有一个日式自助餐厅，大家可能都知道，名字叫花正，当时那里就专营自助餐。像这样的自助餐店，国内外都有。你可以先与店家联系，把场地给订下来，往往会使自己省时省力。

最后，自助餐的时间安排。一般来讲，自助餐只限定开始的时间，并不限定结束的时间。自助餐本身并不太复杂，你可以预计，它的时间是两个小时左右。对于一般人来说，半个小时就足够了。在人员的控制上，比较省事的做法就是凭券入场，否则不好控制人流。在一般情况下，邀请自助餐的参加者人数要和场地面积的比例相称，要保证人均占地一平米左右，不要显得过于拥挤。我就遇到过类似的情况。

有一次，我在北京的一家五星酒店开会，主办者告诉我说吃自助餐。我也挺高兴，自助餐省事啊。没想到，他提前没有安排好，那个地方同时接待了一个旅游团，结果最多只能装一百个人的自助餐厅，却有五百人在同时就餐。我在那儿吃的东西是什么呢，我只吃了一只鸡腿，还吃了一个西红柿，这就是我那天的自助餐所吃到的全部东西。鸡腿还是一个工作人员友好地照顾给我的，咱总不好意思去抢夺吧？！

以上讲的是主办方所要考虑的问题。假如我们不是主办方，我们是被邀请的参加者。从礼仪上来讲，我们要注意哪些具体问题呢？大体上要注意下列几个问题：

第一点，要了解菜序。吃菜的时候，你应该按照什么顺序去吃，必须首先予以明确。不仅要吃饱，还要吃爽、吃好，而且要吃得合理，别让自己吃得拉肚、不消化、难受。要注意，自助餐以冷餐为主，热餐为辅，除非是某些像火锅店。其实严格来讲，西餐是自助餐的祖先。刚才我讲了，自助餐是德国人发明的，它实际上是西餐的一种特殊的吃法，它的餐序跟西餐差不多。标准的自助餐的餐序应该是这样的：首先吃冷菜，其次喝汤，然后吃热菜，接着吃水果，再以喝饮料结束。这个顺序你是不能搞颠倒的。你信不信？你吃自助餐的时候若是先吃水果，再把甜品一吃的话，整个人就没胃口了。我注意过我们有很多同志不在行，不懂用餐的礼仪。比如，坐飞机的时候，飞机上提供的餐食一般都是自助餐式的，有甜品、蛋糕、小饼干之类的，还有一小盘水果。我注意到：很多人都是想吃什么吃什么，碰到什么吃什么。比如，上来先把蛋糕吃了。其实，这样做影响你吃热菜、吃主食的胃口。甜点一进嘴里就腻了，胃口受到影响了。就像我前文所说的那两个女孩子，她们不了解这种标准化的用餐顺序，一上来就胡乱吃，该吃的没吃到，不该吃的却全都塞进去了。此种吃法影响就餐的效果，所以需要力戒。

第二点，要排队就餐。用自助餐时，你一定要首先巡视一下全场。什么意思？如果你走进自助餐的现场的话，如果自助餐场地不是大得不得了，那么你最好先是按照一定的方向走上一圈。这样绕场一周之后，用餐前你就心中有数了：这个现场大概提供一些什么东西？冷的有什么？热的有什么？这些都是需要你掌握的情况。你别该吃的没吃，不该吃的吃了，那样多么亏待自己呀！再者，用餐时一定要依次排队。我去吃自助餐的时候，往往发现有些同志有些坏习惯：一是不排队，二是不会排队。这样就经常会出现相互拥挤或碰撞的情况。一般情况下，吃自助餐时，你可以按照某一个顺序——逆行或者顺行，按照统一的方向跟着大家一块行动，这样的话，大家都能秩序井然。你想想，如果你按照逆行的方向走，别人却按照顺行的方向走，彼此肯定会撞在一起。因此，要养成排队的习惯，并且还要会排队。

第三点，要多次少取。多次少取，是自助餐现场取菜的最基本的礼数。什么意思呢？我刚才给大家讲了，自助餐最大的特点是你可以自由选菜。你想吃什么，你就吃什么。你想多吃，你就多吃。你一点儿不愿意吃，你就别吃。你想吃多少，你就吃多少。有鉴于此，在每次取菜的时候，你只能取上一点，你不能把它完全承包了。

我发现某些同志比较省事，用一只大盘子狠劲地装菜，里面有冷的，有热的，有鱼，有肉，太乱来了。咱们别说吃西餐，你吃中餐不是也有经验吗？你吃了鱼，要再喝啤酒的话，自己嘴里的腥味就会很大。其实吃鱼之后，喝酒是不能喝啤酒的。讲究的人就会知道，那时喝白葡萄酒效果就比较好。这个讲究，其实也是约定俗成的搭配。你乱来就会出现麻烦。说实话，有冷的，有热的，有腥的，有不腥的，有炸的，有清炖的，你这些菜统统放在一只盘里，不仅看着不好看，而且还影响其味道。

吃自助餐时，有经验的人总是专攻一项。比如，第一道是吃冷菜，那我就会只有选用冷菜。我弄几只小西红柿，弄几块切片黄瓜，浇点千岛汁，浇点蕃茄酱。我只吃这类菜肴，而且只取少量。那你要想吃其他的东西怎么办？比如，我爱吃那个扇贝。没想到这里有一大堆扇贝，我吃的时候每次也只能拿一个。别急，可以吃完了再去取。一而再，再而三是不失礼的，因为自助餐允许你多次取用同一种菜肴。但是，我见过有的不在行的同志，他心里可能会想：老去取，老去取，别人会不会笑话咱没吃过东西啊？再说这个东西那么好吃，下次去没了怎么办？所以他就犯了一个错误——"让我一次爱个够"，一下子把某种菜或几种菜取了一大堆。显得自己欲壑难填。

1995 年，在北京举行过一次大型国际会议。其间曾安排过四五百人的一次大型自助餐，在一家五星级酒店包了一个很大的大厅。当时没有想到：东西竟然不够吃，为什么？因为很多人是可着劲儿地吃。好家伙，有人真是超水准地发挥。我见到一个同志啤酒连喝了四罐，吃鸡腿一下吃了六只，最后他的餐盘里还剩下了不少没有吃完的东西。此种情景给我一个感觉——这人是来打劫的。我对他的个人印象真的不太好。

吃自助餐时，一定要适可而止，并且要量力而行。此外，需要注意的就是要节约，要多次少取。

自助餐还有一个规定：不准外带。有的人吃不完的东西就要求给他打包。他们算计着呢，我吃自助餐128元，我吃的东西不值70元，那50多元能不能给找回来？那可不行。你爱吃什么，你可以在现场吃，但一般情况下不许外带。你口袋里塞两只苹果，包里装两瓶可乐，然后再弄一个餐盒，拿走一些牛排之类的，就会让人笑话你不懂规矩。

第四点，要送回餐具。通常，提倡用完自助餐之后，自己送回自己所用过的餐具。还别说很正规的自助餐了，你去麦当劳也好，肯德基也好，必胜客也好，你注意过吗？那里的餐盘、餐盒上都有餐具回收的标志。那些场所都会提供柜子或者车子、架子。吃完了之后，你就可以把那些废弃的物品扔到回收车里或回收柜中。有的人吃饭时，其餐桌是不够干净的。他们吃饭时吐了一桌子，或者扔了一地，吃完了扭头就走了。如果你在国外一些发达国家吃过饭的话，注意过吗？你去的时候那台布有多么干净。你吃完了之后，那台布依旧洁白如洗，不像我们这里往往把它搞花了。餐台的台面或台布不洁净，肯定会影响胃口，影响食欲。请各位记住：吃过自助餐之后，一定要把用过的餐具放到回收车或回收柜里面去。

第五点，要利己利他。自助餐礼仪中还强调自我照顾和照顾他人，即利己和利他。一般而论，自助餐的就餐环境具有高度的自由性。我已经再三地强调了，你只要跟主人打个招呼，你可以随时来随时走，你只要不是在最后人家关门的时候冲进来就可以了。但是，在自助餐的整个进餐过程中，你要照顾好自己。所谓照顾好自己，我在此主要强调两点：其一，不要只吃不说。我们把自助餐叫做冷餐会，它实际上是宴会的一种特殊形式，换言之，如果条件允许，如果你没有急事，你总得跟周围的朋友说说话，找两个朋友聊一聊。要跟老朋友续续旧，跟刚认识的人巩固一下关系，和主人打个招呼，再认识认识主宾。不要始终不吭一声。我们有些同志用餐时目标明确

而简单，冲进去就吃，吃完了就走。别忘记：任何宴会，实际上吃饭只是形式，社交才是其真正的内容。那种时候，你得和他人聊聊，你得适度地和他人进行互动。

其二，注意维护形象。在一般宴会上，要讲究最基本的礼貌。比如说，吃东西不能发出声音，现场不能吸烟，当众不能化妆或补妆，这些都要注意。我曾经讲过，在西方国家里，一个女孩子在大庭广众之下化妆，不仅有失之稳重之嫌，而且还会被人怀疑为"黄色娘子军"正在开张营业。所以在你遵守基本的礼节的同时，就是在维护形象。这两点都做到了，才能说是做到了自我照顾。

此外，在自助餐上还要善于照顾好别人。一般的自助餐往往是在大型的活动之后安排的。吃自助餐时，难免会有熟人跟你一块儿去，会有上级、下级、同事、朋友。在这种情况下，就需要主动并适度照顾他们。照顾他们的时候，有三条你必须注意：其一，要适当地介绍菜肴。那时你可以介绍菜肴，但是不能够向别人摊派菜肴。比如，你可以告诉他："王总，听说这家餐厅的红焖大虾做得比较好吃，建议您试试。"这样意思到了就行了。你别表现得过了头：王总，给你来四只大虾，你吃吧。万一那位王总有吃虾过敏症呢？这样就麻烦了。所以你可以介绍菜肴，但不要包办代替，不要越俎代庖。

其二，要为周围的人创造轻松的环境。什么叫为周围的人创造轻松的环境呢？就是在别人比较疲劳，或者跟恋人、熟人、自己人说话的时候，你要跟对方保持适当的距离，千万别凑上去。我经常遇到这样的事。比如，我跟我太太在一块，我们俩平时都挺累的、挺忙的，好不容易有个机会我们俩在那儿说说悄悄话，有一个同志马上凑过来："我能在边儿上站站吗？"那你能说不让他站吗？两口子想在这二人世界花香鸟语一番，这边跑来一大马蜂，他蜇你，实际上是他不懂得为别人创造轻松的环境。再比如，人家在吃东西的时候，你别在那儿找对方说话，这是一种常识。周围有人的话，你一句话不说不行，但你从头到尾没完没了地说也不行。

其三，要主动关照新手。年轻人、新人新手，有的时候比较紧张，会怯场。作为老同志、老革命、老手，你得帮助年轻人打破尴尬的场面。比如，你经常参加宴会、酒会、自助餐，人家没去过，去的路上或者在现场，你就得给人家扫扫盲。你可向对方介绍一下自助餐是怎么个吃法，要记住多次少取，等等。但是，你表达的时候要注意，别当着外人的面说："小王，给你上一课，自助餐不能朝家带，朝家里带人家会笑话你傻。"人人都有自尊心，你完全可以在没有人的情况下，或者在对方愿意的情况下，在幕后向他交待清楚就可以了。

另外，你要注意：在现场，如果你周围的某个人对某位名人或者是异性有兴趣，想认识一下对方。你应该主动为他引荐。举个例子：你想认识我们这个电视栏目的制片人，你不认识他我认识他，我注意到你的言语里有结识他的欲望，或者你直截了当地提出来了："金教授，我想认识一下这个栏目的制片人。"那我就有义务为你引荐。当然这个引荐也有其规则。你要替别人去引荐他人的话，以下两条规则一定要自觉地予以遵守：一是要两相情愿。你别蝶有情，花无

253

意！这个男孩想认识那个美女，而那位女孩却不想认识这个男孩，人家早结婚了，明花有主了，那就没什么意义了。二是要首先争得对方的默许。比如，在劳动文化宫的一个酒会上，你想认识某一位电视栏目的制片人，正好他也在场，我首先需要征求一下对方的意见："你想不想认识一下那位先生，那位先生想认识你。"其次，我还要听听那位制片人的个人意见以及他在时间上的要求。他同意互相认识一下之后，我还得问：你是觉得对方现在来好，还是用餐之后再来好。或者你觉得现在不方便的话，你说个时间以后让他和你联系也好。总之，你得让制片人自己决定这些问题。

由此可见，参加自助餐时，在现场你不仅要照顾好自己，还要照顾好别人。

总而言之，作为我们在日常生活和工作中最为常见的一种宴会的形式，自助餐往往以不同的面貌出现，什么酒会啊，茶会啊，咖啡会啊，冷餐会啊，等等。但是，我们多多少少都会参与其中。倘若你在参加自助餐的时候，遵守礼仪，排队取菜，循序渐进，多次少取，送回餐具，不外带食物，利己利人，这些基本的礼节你都做到了，那样不仅会让你吃的满意，而且还会收获到来自他人的尊敬和友情，真正地多交朋友，广结善缘。

关于自助餐的礼仪，此次就介绍到这里。

第 14 篇

外宾接待

俗话说:"有朋自远方来,不亦乐乎?"但是,参加外事活动时,负责接待工作的我们往往会有一些做的不够周到的地方。

参与国际交往,从交流的角度来讲,应该着重注意以下两个方面的问题。一是外国友人到我们这里来,我们接待他们;二是我们到他们那里去,他们接待我们。接待的问题,实际上在国际交流中是经常碰到的。我们所讲的外事接待,一般是指接待有约而至的、预先安排的、正式来访的外国友人。从理论上来讲,外事接待有以下五个基本问题是需要注意的。首先,要注意接待规格。此乃具体接待标准的确认与操作问题。其次,要注意迎来送往。它要求注意接待工作的首和尾,即力求所谓善始善终。再次,要注意陪同翻译的问题。因为语言障碍不能沟通是很麻烦的,没有语言的交流就会南辕北辙。接下来,要注意交通工具的安排。外国友人到我们这里来,一般时间是比较短促的,可能会跨地区行动。没有方便的交通工具,就会平添很多的麻烦。最后,要注意的是食宿与纪念品的问题。外事接待工作,实际上就是对这五个问题的具体操作。

下面,我首先讲解一下接待规格。实际上,接待规格,就是在我们外事接待中所须执行的具体标准。特别是在正式接待中,它是绝对不可忽视的问题。例如，你要请你的老师吃饭，那么，你会首先想到什么？

首先，要解决费用的问题。当然了，你愿意在高档的地方请你的老师是你个人自由，但是条件不允许怎么办？实际上，接待规格的问题，主要就是费用的问题。接待规格就是指的接待标准，在外事接待中具体指的就是谁来掏钱，怎样按照标准来确定花多少钱。

再者，要考虑人员的级别和数量。在外事接待中，你是一位客人到我这里来，我的主管领导来接见你与一般人来接待你是不同的。主管领导出面接见表示的是重视；一般人员出面接待则意味着例行公事。接待规格，往往还包括接待外方友人时具体的东道主一方出场者人数的多少。

以上各点，就是接待规格的具体内容。那么确定接待规格时需要注意什么呢？主要有以下三点需要我们注意。

第一，坚持规范性做法。接待规格不能多变。比如，接待一位外国企业的总经理，安排他住在三星级酒店；另外一位外方总经理来了，安排他去住四星级酒店；再来下一位，又把他安排在五星级酒店。那就没有规矩可言了。如果他们三位私下交流、彼此知底以后，那么，住三星酒店的那位总经理会是什么感受？他们的身份是一样的，有人却会觉得待遇不平等。所以在外事接待中，确定接待规格，首先就是要坚持规范性做法。同样一个规格，就要执行同样一个标准。

第二，兼顾双边的关系。接待规格不能动辄破格。对重要的客人、关系密切的客人，肯定会无微不至，照顾有加。但对老、弱、病、残、孕，是需要格外照顾的。有着特殊的宗教信仰和民族习惯的人，也是需要被照顾的。所以一定要在接待外宾时注意双边关系。

第三，关注主宾的身份。主宾，就是指的在需要接待的客人中最重要的那个人。显而易见，接待总经理和接待秘书是不一样的；接待总统和接待部长不一样；接待省长和接待村长也不一样。所以，此点讲究自不待言。

接下来，我来具体讲授一下迎来送往的礼仪。迎来送往，是外事接待中比较重要的一个问题。如果处理得不够妥当，就会惹来很多不必要的麻烦。

例如，有一次我去国外某一个地方开会。之前已经说好会有人来接我。依据经验，我很认真地把我的飞机到达的时间、航班号码以及飞离的时间都详细地告诉了对方。结果当飞机安全降落了，我走出来之后，却没有人接待我。于是我就问接我的人，他们告诉我刚刚出发，正在路上。我发现他们那个地方距离机场至少开车要一个多小时，这使我的心里很不舒服，有一种被冷落的感觉。在迎来送往的具体问题上，一定要注意以下几个礼仪细节：

第一，确定时间。什么叫做确定时间呢？当我们负责接待外方友人的时候，一定要了解对方抵达我们这里的准确时间。比如，坐飞机来的话，要确定其班次，明确其几点起飞、几点降落。坐火车来的话，则要确定车次，明确其几点进站。不仅要提前知道，而且在对方出发之前应再次与对方确定。我们不仅要了解对方启程的时间，而且还要告之我们恭候对方的时间与具体长度。在外事接待中，当我们接待外方友人的时候，应当尽可能地提前到达，以防与对方失之交臂。至少，也应该提前一刻钟抵达现场。

第二，确定地点。迎接外宾时，在什么地方迎接对方，一定要提前交待清楚，否则对方应该去什么地方找你呢？不管接待团队还是接待个人，一定要向对方提供最准确的接头地点。一定要不厌其烦地确定地点，而且还要尽可能地选择那种比较容易找得到的地点。例如，飞机机场的出口处，候机楼的贵宾室，头等舱的休息室等等，这些都是容易找得到的地点。

第三，确定专人。外事接待，最好由专门的人员负责。办公室工作者、秘书、外办的人、公关部的人或者其他特殊的专业人士，都是最佳的人选。一定要提前指定，落实到位，而且还要把接待者的名字、职务以及联络方式等等，尽可能早地通知被接待者，以备出现特殊情况。例如，被接待者临时有事不能前来，则可以及时地与负责接待的人取得联系。以上，就是在迎来送往的过程中特别要强调的三个细节。

以下，我来讲解一下陪同与翻译问题。在外宾接待中，陪同的翻译往往是必不可少的。具体而言，在外事接待过程中，翻译与陪同的工作性质往往有所不同，其礼仪要求亦有所区别。

那么翻译应该注意什么呢？翻译的礼仪问题，主要有以下几点需要注意。

首先，要精通中文与外文。马克思曾经说过，外语是人生斗争的一种工具。既然如此，在外事交往中，翻译首先就要对外语非常精通。特别需要强调的是，翻译不仅要精通外文，更要精通中文，而且还要了解相关的背景知识。我曾经做过几天的翻译，但因为我才疏学浅，特别害怕与那种古文功底深厚的老先生在一起。他慷慨

激昂，唐诗、宋词、汉赋、汉魏六秦的古诗古语脱口而出，我就扛不住了，翻译不了了。我们倡导要爱岗敬业。业精于勤荒于嬉。不论中国人也好，外国人也好，翻译这种重要工作，特别要求我们精益求精。

例如，我们夸一个女孩子漂亮，有很多英文词可以形容："Charming"，即很有魅力。"Pretty"，即好看，"Beautiful"，即美丽。其实懂得英文的话，你就会知道这三个单词的重量是不一样的。如果你与一位女士在社交场合见面，西方人的习惯是恭维女性，那么你要恭维那位女士"Charming"，说她很有魅力，实际上就是例行公事，是客套话。因为在正常人眼里，一位异性肯定是其有魅力的。就我而言，我会告诉翻译，凡外国人夸我们的姑娘很性感、很漂亮，而你又觉得这个女孩不了解此乃外国人恭维异性的习惯性做法，那么最好翻译成"吃过饭没有"。语言是沟通的工具，精通中外文都是为了更好地与别人进行沟通。

其次，要恪守职业道德。翻译工作的本质，就是为别人服务。为别人服务，不存在多少前提条件。不能因为你看着某个人顺眼，就为他认真地服务；看着某个人不顺眼，就不为他服务。特别需要注意：作为一名爱岗敬业、热爱祖国、善待外国友人的中方翻译，绝不能在日常翻译工作中偷工减料或消极怠工。那样的话，将会影响到中外双方的沟通，甚至导致双边关系的紧张。

最后，要严守外事纪律。每一位具体从事外事翻译工作的人员，都必须自觉遵守外事纪律。比如，忠于祖国，拥护政府，服从组织，严守秘密，不得私下与外方人员进行非公务性交际，等等。

陪同人员，也是外事接待中不可缺少的一个环节。其实陪同和翻译往往是一人两职，或者两人一职。不论翻译，还是陪同，在可能的情况下，都最好选择专业人士去担任。当然在我们的日常交往中，并非每个陪同都是专业人士。但是，越是重要的外事接待，越是要选择专门人士作为陪同。

外事交往中的陪同人员，在某一个地区，某一个时间需要陪同外方友人的时候，一定要具体注意以下四点：

其一，要表现得热情友善。"海内存知己，天涯若比邻。"中国人对外方朋友是否友好，所属单位对外国客人欢迎不欢迎，陪同人员个人是否有教养，与其待人接物是否热情、友善都是密切相关的。陪同外方人时，若目光呆滞、面无表情、不苟言笑、忸怩作态、行为拘谨，必然会影响别人对我们的看法。与此同时，我们在提倡热情主动的时候，还要注意以前所讲过的问题——热情有度，不要让自己的热情限制了对方的人身自由，影响了对方的正常工作与生活。

其二，要注意少说多听。人们在日常生活中都是有特定的位置的。面对不同的交往对象，我们有着不同的身份。在外事交往中，当我们陪同客人的时候，除非我们是主人，我们就一定要注意切勿喧宾夺主。该说的话你要说。例如，日程安排你要介绍，旅游景点你要推荐。但是，他人的私人交往你就不要过问了。为人处世之道之一，讲究的是"言多语失"。话多了，往往还会喧宾夺主。所以，在外事陪同中一定要注意少说多听。

其三，要掌握适当的技巧。在陪同外宾时，要掌握技巧，就是要求我们有所为、有所不为。什么事情可以干，什么事情不可以干，陪同人员一定要一清二楚。已经掌握陪同技巧的人都知道，为了做好陪同工作，应该为外方人员提供一个详尽的日程安排。早上几点就餐，在什么地方就餐，几点钟乘车外出，在某个旅游景点停留多长时间，集合地点在哪里，联络人的通讯方式是什么，等等，都要事先给被陪同者一个尽可能具体的日程安排。其中的时间越具体越好，地点越清楚越好，联络人越明确越好，这就是所谓的技巧。接待技巧越熟悉，工作就会做得越细致，接待工作就会尽善尽美。

　　其四，要谨记保守秘密。需要注意的是，在外事接待中，直言不讳、畅所欲言是必要的，而严守秘密更为重要。陪同人员必须严守国家秘密、严守企业秘密、严守商业秘密。不要因为我们陪同人员自己的言多语失，致使我们的国家秘密、企业秘密、商业秘密泄漏。那样将会害人害己。

接着，我要讲解一下交通工具的安排。在接待工作中，我们还会为外宾安排一些交通工具以便其出行。在我们力所能及的范围内，应该本着双方情愿、提前商定的原则，来具体确定交通工具的选择或使用。此外，在接送的时候还要提前约定，不能匆匆忙忙、临阵磨枪。这些问题都解决了之后，还要注意交通工具的具体使用。

首先，要方便使用。一般情况下，接待来宾时，包括接待外宾时，使用得最多的就是飞机和车辆，尤其是小车、旅行车。按照习惯来讲，距离在 1000 千米以上的话，飞机是最方便的交通工具。如果是相距 500 千米左右的话，火车相对比较方便，又安全，又能够得到时间上的确保。如果路程在二三百千米之内的话，旅行车与小车则是最方便的。不论何种交通工具，其方便快捷都是最重要的。

再者，应舒适安全。有的交通工具虽然速度很快，但是并不安全。有的交通工具很方便，但是却很不舒适。舒适和安全的问题，是在外事接待中安排交通工具时一定要充分考虑的。与此同时，我们还要注意，要讲究安排充分。有的时候，外方人员会使用自备的交通工具，那么他的车应该停放在什么地方，也是需要考虑到的。

最后，我还要讲解一下食宿与礼品问题。接待外宾与接待内宾一样，此二者均不可疏忽大意、掉以轻心。

接待客人，不管是接待国人，还是接待外方人士，食宿的问题显然是接待方必须认真予以考虑的。如果食宿的安排不能够满足客人的需要，那么就可能会间接地影响到双方的交往。所以在具体从事接待工作的过程中，一定要对安排好外方友人的食宿问题给予高度的重视。在此方面，有以下三个要点需要注意。

第一，安全第一。 不论是吃，还是住，都不能危害到对方的生命安全。比如，安排的酒店，不是国家指定的涉外酒店，不是星级宾馆，都不合适。或许那里的防火、防震、防雷击以及逃生设施都不齐全。万一出现了突发的危险事件，那个时候后悔就来不及了。吃饭也是这样，或许你吃的是美味佳肴，但是还是有可能吃出问题。有专家推测，所谓的 SARS，就是跟世人乱食野味有关系的。

第二，重视档次。 在接待工作中，吃和住的具体档次也是非常重要的。我们已经强调，在国际交往中，请客吃饭要吃特色、吃文化、吃环境。在接待的具体安排中，食宿的档次的问题是很重要的。说到底，这就是之前所强调的接待规格的具体化。

第三，照顾偏好。 安排外宾的食宿时，一定要尊重、照顾对方的具体习惯与偏好。比如，有人喜欢住日式酒店，有人喜欢住汽车旅馆，有人喜欢住公寓，有人则喜欢住豪华酒店等等。要在力所能及的范围之内，提前与对方进行沟通。吃也是一样，有人喜欢吃咸，有人喜欢吃甜；有人喜欢吃鱼，有人喜欢吃牛肉等等。因此，在力所能及的范围之内照顾对方食宿的偏好与习惯，也是非常重要的。

在外事活动当中，我们都会与外宾互相赠送礼品。不论中国人，还是外国人，送给别人的礼品或者接受别人的礼品，往往都要首先强调它的纪念性与宣传性。换而言之，在公务交往中包括对外交往中所使用的礼品，不应以其价值取胜。具体而言，特别需要注意下列两个问题。

第一，不要乱收乱送。 做任何事情都是有规矩的，特别是在国际交往中。有些东西，你若不了解就乱送或乱收，难免会遇到麻烦。中国人喜欢讲点文化氛围，爱给别人送篆刻的图章，比如，把名字刻在图章上赠送给他人。拿一块名贵的石料，刻上名字去送人是很有档次的。中国传统的篆刻作品讲究残缺美，但是日本人是讲究圆满的，如果送给日本人这种所谓"不完美"的图章，他就会非常的不舒服。因此，礼品不能乱送，也不能乱收。尤其要注意：在国际交往中，不能主动向外方友人索要礼品。这既是一个礼义廉耻的问题，也是一个人自尊自爱的问题。

与此同时，在国际交往中，收受礼品还需要我们了解国际惯例。事先一定要明白什么东西能送，什么东西不能送。适合赠送给外国友人的礼品是什么呢？是有民族特色的、有地方特色的、有纪念意义的物品。比如，书画、篆刻、风筝、筷子、中国结、景泰蓝等等一些具有中国特色的物品。

与外宾打交道时，什么东西不能送呢？我们以前讲过"涉外交往的五不送"，即：不送现金、有价证券，不送药品、营养品，不送有碍对方习俗的物品，不送带有明显的广告标志的物品，不送有碍社会公德、有伤风化的物品。这"五不送"是一个惯例，千万不要违反。

第二，认真加以包装。 送给外方友人的礼品，在可能的情况下要加以认真地包装。外包装是什么色彩，包装纸是什么图案，包装袋该系什么样的结，等等，都有一定的讲究。在这方面，最好要事先向专业人士请教，千万不能乱来。比如，我们所喜欢的蝴蝶结，在有些国家就是不吉利的。因为蝴蝶寿命短，送给对方的礼品是要发展友谊的，所以扎上蝴蝶结就不恰当了。这样的细节问题太多了。当遇到不明白的问题时，最好就此向专业人士咨询。对送给外宾的礼品郑重其事地包装，可以表示我们的一片心意。同时还要注意：外方友人送给我们带有包装的礼品，一定要尽可能地当着对方的面打开来看一看。如果你当场根本不看，就会有怠慢对方之嫌。

第 15 篇

出国旅行

随着我国社会的进步和发展，我们与世界各地的交往越来越密切，出国学习、访问、参观的人也越来越多。在本篇里，将重点介绍出国旅行时人们所应该注意的一些具体的礼仪规范。

随着国家的开放和国际间交流的密切，越来越多的人有了亲身参与国际交流的机会，到国外工作、参观、旅行，或者走亲访友、办理公务。这样一来，就不得不去遵守有关国际交往的礼仪，否则就会贻笑大方或者弄巧成拙。比如，有人在公共场合高声喧哗；有人住在酒店里，却穿短裤、拖鞋四处漫游；有人乘坐飞机时更衣、脱鞋、脱袜。

前一段时间，我就遇到这样一件事情。我去西欧的一个国家参加学术交流活动，当时我们有几位学者，还有几位工作人员一同前往。其中一位同志参观博物馆的时候，拿出摄像机四处拍摄，结果被严厉地处罚了一通。

按照国际交往的一般常识，国外的影剧院、博物馆是不能随便摄影和录像的，因为它存在着一个知识产权的问题。但是，由于我们过去缺少国际交往的经验，缺少对知识产权的了解，很多人都不懂得这一条礼仪。例如，我去一些单位讲课，有些同志连招呼也不打，就开始摄像，似乎他觉得是因为看得起你才给你录像。实际上，他是没有保护知识产权的意识。

再比如，有些同志去到国外观光游览，看到外国的小孩很可爱，就希望跟人家合影留念。当然，绝大多数的外国友人是非常友善的。可是，因为民俗的问题或宗教的原因，有些人是不喜欢被他人拍照的。例如，某些宗教教规禁止一切偶像崇拜。也就是说，在他们那里拍照、摄像都是不允许的，都是违犯教规的。如果你要找他们那个民族、那个宗教的信仰者合影、摄像，都会让他们感到非常反感，甚至因此而产生敌意。

即便在西方发达国家，和他人合影或录像，也要事先征得对方的同意，否则就会有违规操作之嫌。在国际交流中，特别是当我们出国旅行的时候，上述问题都是需要注意的。

一般而言，在出国旅行时，国人需要注意以下五个方面的具体问题。

第一，办理必要的出国旅行证件。不论前往哪一个国家，你都一定要拥有身份证明、入境许可，即护照和签证。

第二，认真地接受出入境检查。世界各国为了维护本国主权和国家安全，都规定外国人在出入本国国境的时候，必须接受其边防安全检查。

第三，选择适当的交通工具。不论坐车、乘船，还是坐飞机，我们都要慎重地考虑，并认真地选择适当的交通工具。

第四，审慎地安排旅途之中的住宿。在一般情况下，我们在国际交往中，或者去国外旅行，都要尽可能选择价格适中、安静方便，并且具有一定档次和良好的生活氛围的酒店住宿。所以，住宿地点的选择，对出国旅行者而言是非常重要的。

第五，妥善地给付服务人员小费。应对别人的服务。比如，给付小费的问题，很多人是没有意识到的。不少人既没有给他人小费的意识，更没有如何给他人小费的概念。记得有一次我和太太一起参加了一个国外旅行团，去的那个国家是有收取小费的习惯的。当时有人大概以为自己很聪明，带了一大堆人民币现钞去，但是那个国家是不流通人民币的。他给人家的小费全是人民币，而且给的全是五毛，一给给一大把，看起来似乎很多，但是因为它在当地不能流通，对方很不高兴。

下面，我将分别对这五个重要问题一一详加介绍。

第一，介绍的是出国旅行的证件办理。出国时，办理护照和签证是必需的。如果没有它们的话，就出不了国。护照，是如今国家给予本国公民的一种国籍证明。从国际交流的角度来讲，它也是出国旅行时最基本的合法证件。各个国家出于维护国家主权的考虑，都会按照规定颁发给本国公民护照。

目前来讲，我们国家的护照分为三种类型，即外交护照、官方

护照、普通护照。

其一，外交护照。外交护照，在我国它是红色封面的，故此又称之为"红皮护照"。它的持有者是国家元首、政府首脑、高级官员、外交代表，普通老百姓则是没有的。它给予持有者的礼遇是非常高的，因为按照国际惯例，建立外交关系的国家、外交护照的持有者一般通过海关的时候都是免于安全检查的。假设外国总统来华访问时，要他去做检查，自然是很不合适的。所以外交护照不是每个人都可以持有的，它是一种国家尊严的象征。

其二，官方护照。官方护照，有时候又叫公务护照。在我国它是绿色封面的，所以我们私下称之为"绿皮护照"，它是一般的政府官员在公务交往中使用的。这种护照，普通老百姓也是没有的。

其三，普通护照。普通护照，顾名思义，自然是普通人员所使用的护照。在我国，它颁发给普通人员出国时使用。假如现在你想申请一本护照出国旅行或者探亲的话，你所领到的通常就是此种护照了。以前，我国的普通护照分为两种：一种是棕皮的因公普通护照；一种是紫皮的因私普通护照。自 2007 年起，它们将简化为同一种普通护照。过去的因公普通护照是给一般从事公务交往，出国讲学、访问，非官员身份的人使用的。比如，你是一个教授，因公出国，那你所持有的就是因公普通护照；你是私人探亲访友、出国留学，那你所使用的就是因私普通护照。

不论外交护照、官方护照、普通护照，都是一国公民在其国际交往中特殊身份的证明，所以都要按照程序去申办。

出国旅行时，人们除需要持有护照外，同时还需要持有外国的入境许可证，那就是签证。例如，你想到某个国家去，人家让不让你进入，肯定首先要得到对方的同意。签证就是主权国家给予外国公民出入境的一种许可证明，它是国家主权的一种重要象征。在实践中，它有外交签证、官方签证、普通签证之分，三者与之前讲过的护照的类型是对等的。我国的公民要有这样的意识：出国访问、出国旅行、出国走亲访友，或者从事劳务工作，都需要获得签证。它是一种出入境许可证明，否则是不能进入别国的。

第二，介绍的是出入境的检查。出入国境的时候，我们都要经过一系列的边境检查。边境检查都是非常细致的，项目也非常多。实际上，出入各国边境的时候，我们都必须接受出入境检查。不论出入别国，还是出入我国，都要接受出入境检查。这是为什么呢？其中包含了两个原因。一是国家主权的象征。大家想想看，一国边境实际上是一个国门。国门当然是开放的，但也不能随随便便地进出。二是为了公民旅行安全的考虑。例如，你坐飞机，没有进行出入境检查，万一有人携带了非法品、违禁品、爆炸品，将来飞机出了问题怎么办？

出入境检查的具体内容，可以分为以下四项。虽然各个国家的侧重点不同，但是各国的出入境检查基本都包括这几项内容。

其一，边防检查。有的国家是由边防警官来检查的，有的国家则是由指定部门来检查的。实际上，它的基本内容就是检查你的身份证明和出入境许可，即检查护照和签证。

其二，海关检查。海关检查的基本内容，就是检查按规定应该纳税的物品是不是纳税了，或者是否携带了违禁的物品。例如，美国、欧洲一些国家的烟和酒属于奢侈品，是非常昂贵的。像有些国家，一包烟折合人民币大概五六十块钱，如果从烟的价格比较低的地方带过去，就属于偷税了。因此，国家对这种东西是限量入境的，或者是禁止入境的。

又如，有些国家，某些东西是不能带入的。比如，新加坡出于环保和卫生方面的考虑，不准入境者携带口香糖，换言之，携带口香糖是被禁止的。在我们国家随身携带口香糖是很正常的，但是你要到了新加坡，被查出来带着口香糖，就肯定会被依法处罚了。

还有，出入各个国家国境时，携带本币和硬通货的数量都有各自不同的规定，对此必须予以遵守，否则就有走私外汇之嫌。

其三，安全检查。安全检查的目的，意在防止有碍安全的物品自由出入一个主权国家的国境。这种检查，是需要每一位出入境者积极配合的。如果和安全检察官过不去，就等于跟你自己过不去，因为他会阻止你的进出。所以，我们一定要积极配合安全检察官的例行检查。那么，安全检查到底包含哪些内容呢？它的检查都是非常具体的。其中一项，是机器检查。它是指过安检门，或使用测试仪和探索仪在被检查者的全身上下走动、搜索。还有一项，则是手工检查。就目前而言，安全检查以通过安检门为主，并以手工和仪器检查为辅。如果过安检门的时候，响声出来了，工作人员就会对当事人搜身，或者打开其旅行箱检查。如果没有问题，就可以通过了。影响安全的物品是不准携带的，比如，你坐火车、坐轮船，带一把削水果的小刀是很平常的事情。但是，如果乘坐飞机就不能携带小刀了。有碍健康的、有碍交通安全的物品，在出入境时也都是不能携带的。

其四，卫生检疫。在现代社会里，人与人之间的交流机会非常多，人口流动量也非常大。这样一些疫病会很容易地随着人口的频繁流动而传播。因此，出入境时的卫生检疫是非常必要的。按照规定，各个国家的公民出国之前都要取得卫生检疫证明。此后在出入境的时候，还要接受相关的检查。

第三，介绍的是主要交通工具的选择。当你出国旅行的时候，你是有多种选择的。既可以乘坐我国的航班，例如，国航、南航、东航和海航，也可以乘坐外国航空公司的飞机。从选择飞机的角度来讲，有以下三个具体问题需要注意。

其一，要选择直达的航班。因为直达的飞机既节省时间，又节省经费，而且还有助于人身的安全，所以要尽可能地选择直达的航班。

其二，要选择白天到达的航班。如果你只是坐飞机回家，那么你几点钟到家都是无所谓的。但如果你去的是一个陌生的地方，就会遇到很多需要事先认真考虑的问题。例如，晚上抵达会有一些事情不方便处理，来接你的人可能没有来，或者住的地方没有联系好，等等。因此，应尽量选择白天到达的航班，那样将会更加方便我们在当地活动。

其三，要选择口碑好的航班。所谓口碑好的航班，有三个细节在此需要注意。首先，要选择规模较大的航空公司，服务质量一流的航空公司。因为大公司一定有它的过人之处，它的服务相对来说是比较好的、比较安全的；此外，大公司的航班也会比较多。其次，应该选择大型的飞机。因为大型飞机是现代最先进科学技术的结晶，是比较舒适的。它的空间比较大，安全保障比较好。最后，还要注意飞机票的价格问题。不同的季节，不同的航班，不同的航空公司，机票都是有不同幅度的折扣的。应该本着节约的原则，能够节省的费用还是应该节省的。

除此之外，出国旅行的时候，还要注意乘机的表现。有些人在这方面的表现是稍逊一筹的。搭乘飞机时，通常有以下几点礼仪是需要遵守的。

其一，不要乱摸乱动。紧急撤离门是不能动的；氧气面罩以及座椅下面的游泳衣是不能拿走的。特别是飞机上的公用物品，决不能作为私人收藏品带走。比如，有些航空公司对客人比较照顾，给的餐具是银制的刀叉，或者提供了一些精美的书报，还有一些毛毯、靠垫和小枕头。它们都是公用的，是乘客不能拿走的。

其二，切莫高声喧哗。有些人，在第一次坐飞机的时候，往往喜欢东奔西走，摄像、拍照或者大声喧哗。这些行为，都会影响到他人的休息。

其三，**勿忘安全第一。**在飞机的升降过程中，不能使用电子仪表或者仪器，不能使用手机、计算机、收录机、播放器、游戏机、电子玩具等等。这些规定是乘客所必须遵守的，否则可能导致机毁人亡。

第四，介绍的是旅途之中的住宿问题。出国旅行，毕竟是到了一个人生地不熟的地方，对出国者而言，住宿自然会是一个非常重要的问题。出国旅行的时候，在资金允许的情况下，最好选择在酒店住宿。外国人家里居住的条件未必宽敞，而且也不大喜欢邀请不熟悉的人入住，所以在条件允许的情况下，还是要选择在酒店入住，尽量不要到外国友人家里去投宿。在酒店住宿时，通常会涉及到以下两个问题。

其一，**酒店的选择。**在国外选择酒店，是有一些技巧的。首先，要选择安全的酒店。如果所住的酒店连最基本的安全标准都达不到，那么对于出国旅行者而言是十分危险的。其次，在选择酒店的时候要尽可能地选择口碑较好的国际连锁性酒店。一方面它预定起来比较方便，另一方面它的服务会比较周全，而且它的服务规格比较标准。最后，还要注意所住宿的酒店的交通是否便利。

比如，你去一家公司，它离你所入住的酒店比较近，对你工作是很有帮助的。与此同时，住的地方离飞机场近一些的话，继续旅行时也会比较方便。

其二，**个人的表现。**在酒店住宿期间，首先要熟知你所住宿的酒店的各项基本规定。不该乱用的东西不能乱用，不该乱拿的东西不能乱拿。比如，在国外的四星或者五星级酒店内，往往会提供一些我国平时很少接触的东西。例如，在国外的四星或者五星级酒店内，卫生间里通常会有两个"马桶"，一个是带盖的，水往下冲供大小便的；还有一个则是不带盖的，水是往上冲的。后者即冲洗器，它是用于方便之后冲洗自己身体的。曾经就有人因此出过洋相，把它所喷出来的水当热水喝了，而且还跟别人说这家酒店服务真是太周全了，一边在那里方便，一边还供应热水可以喝。

再者，由于国情与民情的原因，国外酒店的服务设施与我国的往往是不一样的。比如，国内的酒店一般都会提供免费的牙具、小梳子、拖鞋之类的物品。但国外出于环保考虑，有些酒店是不提供这些物品的。在东南亚那些地方，因为有所谓的"香港脚"，所以不向住宿酒店的客人提供拖鞋。

另外，在酒店下榻期间还应该注意，不能穿着内衣乱走；不能够随便去不认识的人的房间串门；也不能够邀请不认识的人到自己的房间内做客。

住宿规范的酒店时有一个常识请务必谨记：会客宜在公共场所进行。例如，酒吧、咖啡厅或者酒店大堂等处，才是住店客人会客的最佳之处。陌生人不能随便带入房间，否则安全叵测。

最后，在酒店住宿时，还要注意检点个人的所作所为，要使之无损于自身形象。比如，不能在酒店里开火。不能为了省钱，或者省几个外汇，在自己的酒店房间内煮方便面、煮饺子。那种行为，既有损于酒店形象，也有损于自己的形象。此外，有些酒店是不允许客人在窗外悬挂内衣裤的。不能因为省钱就随便到处洗晾私人衣物，任意把自己的臭袜子洗过之后挂在窗外，它也是有损于酒店形象的。

第五，介绍的是小费的给付。在国内，大多数人都没有给他人小费的习惯，而在国外，它却几乎是一种通行的惯例。这是出国旅行时人们一定会遇到的问题。

小费这个词，在英文里叫做"Tip"。实际上，它来自于拉丁文"礼品"一词。从小费的起源来讲，它是西方人给予服务于自己的服务者的一种礼物。换言之，服务者为你提供了服务，你给予他小费，本是对对方的一种尊重，也是对方所应得的报酬。在很多国家里，小费是服务者正常收入的重要组成部分之一。所以当你到了一些国家，包括像泰国等一些东南亚国家，如果不给服务者小费，那么他向你所提供的服务质量将会受到一定的影响。

那么，在出国旅行时，是否该给服务者小费呢？我个人的看法是：必须入乡随俗，该给的小费一定要给人家。那么应该怎样给付人家小费，应该给人家多少小费呢？大体上有以下三个方面的具体问题需要注意。

其一，什么地方需要给小费。一般情况下，需要给付小费的是服务场合。例如，理发，坐出租车，到了酒店行李被服务生搬运，到餐馆去吃饭，到影视剧场观看演出时被引位员引领等等，这些情况都需要给付小费。总的来说，只要接受了别人的服务，就应该给付对方小费。

其二，小费应该如何去给。此问题，又分以下几个具体方面。首先，给小费时应给付现金。其次，宜在结算的时候支付。例如，在餐厅里吃饭，可在买单的时候给付。如果这顿饭花了 80 元，那么给与他 100 元，然后说不用找了，这也就是所谓的综合给付。再次，最好悄然给付，因为人是有尊严的，给付小费时，不能对为自己服务的人大呼小叫。

在国外，就有一个习惯：小费是不当众给的，而是要悄悄地给。比如，在酒店内，早上你出去玩或者出去办公的时候，把一定数额的现钞放在自己的床头或者压在枕头下面，对方就能了解你的意思。同样的道理，因为放在枕头下面的现钞很可能会被服务生理解为是给付对方的小费，所以你不想给小费的话就千万不能放在那儿了。

其三，所付小费的具体数额。一般来讲，小费的具体数额的计算大致上有以下两种类型。一是按总服务费用的比例给予。比如，到餐馆吃饭时小费的数额是总服务费的 10% 左右；美容美发时所付的小费一般是其总消费的 5% ～ 15%。当然，不同的国家比例也是不一样的。二是定额给付。即按一定约定俗成的数目给付服务人员小费。比如，到酒店时，门童给你开门，服务生帮你搬运行李，一般给对方一个美金或者两个美金就可以了。

综上所述，需要给付小费的时候，这三点是应该注意的：场合、方式、数量。特别需要注意的是，该给付小费的时候一定要给，不给的话你所得到的服务将会被打折扣；不该给的时候千万不要给，否则你将会弄巧成拙。事实上，在有的国家里，人们并无接受小费的习惯。

后　记

近来，我的谈话体礼仪图书陆续出版上市。

该系列图书出版之后，受到了广大读者的热烈欢迎。外交部王嵋生大使、江承宗大使、邢耿大使不仅亲临图书的首发仪式，而且还多次热心地对图书予以肯定。与此同时，我也听到了不少有关本系列图书的热情而友好的建议。

建议之一就是，许多读者热切希望我能够多介绍一些学习与掌握礼仪的有效方法。

在回答大家的这一问题时，我总免不了反复引证自己最为推崇的我国古代伟大思想家荀子的两个著名观点：其一，"礼，所以正身也。"其二，"礼者，养也。"对于前者，我的理解是：礼是用以规范个人行为的，是人际交往的基本行为规范。因此，它需要人人皆知、时刻不忘、认真遵守。对于后者，我的诠释则是：礼是人人所皆应具备的一种为人处事的最基本的教养。

有鉴于此，人们学习与掌握礼仪，首先需要重视它，需要坚持不懈地"学而时习之"。更为重要的，则是应当明确：它实际上乃是一个必须循序渐进的过程。换言之,学习与掌握礼仪,有赖于人们逐渐养成习惯,但绝对不可能毕其功于一役,任何人都绝不可能对此一蹴而就。

在出版社、本书责编与广大读者的再三建议下,遂决定出版一本《公务礼仪》。它仍然采用谈话体,并仍然以我近期有关礼仪讲座、报告的录音、录像为脚本经过整理编辑而成。

在此,需要强调之处有三:其一,本书的编写体例仍与礼仪系列的编写体例相似,以示其始终如一。其二,本书的具体篇目仍突出其系统性、时效性与实用性。除绪论外,本书篇目的安排努力避免与系列其他读本的篇目有所重复,并力求更为贴近现实生活,更好地满足广大读者日常工作与生活中的实际需要。其三,在具体内容上,尽量充实其信息量,并力戒案例方面的重复。当然,其中个别案例的重复,则属于在所难免的。那样做,主要是为了维护讲授内容完整性的需要。

最后,再次感谢广大读者以及各位前辈、专家、学者对我的支持!并对出版社以及本书的责任编辑致以深深的谢意!

作　者